中国共产党诞生地
出版工程

龙华英烈画传系列丛书

胡也频画传

中共上海市委党史研究室　龙华烈士纪念馆　编

尚娅　著

上海人民出版社

龙华英烈画传系列丛书编委会

出版说明

　　"一个有希望的民族不能没有英雄，一个有前途的国家不能没有先锋。"习近平总书记强调，对一切为国家、为民族、为和平付出宝贵生命的人们，不管时代怎样变化，我们都要永远铭记他们的牺牲和奉献。为弘扬以伟大建党精神为源头的中国共产党人精神谱系，用好英烈红色资源，号召在全社会树立崇尚英雄、缅怀先烈的良好风尚，从中汲取为中华民族伟大复兴继续奋进的强大精神力量，由中共上海市委宣传部组织，中共上海市委党史研究室、龙华烈士纪念馆编写龙华英烈画传系列丛书，致敬为真理上下求索、为信仰奋斗牺牲的革命先驱们。

　　上海市龙华烈士陵园（龙华烈士纪念馆）是党的创建和大革命时期、土地革命战争时期著名英烈人物最为集中的纪念地。在新中国成立前中国共产党产生了 171 位中央委员，其中有 42 人牺牲，在龙华牺牲了 7 位，占六分之一；首届中共中央监察委员 10 人中有 8 人牺牲，在龙华牺牲了 4 位，占二分之一；其他曾在龙华被押过的革命者更是数以千计。2021 年 7 月，为庆祝中国共产党成立 100 周年，首度编辑出版"龙华英烈画传系列丛书"，分成 11 册，讲述了罗亦农、杨殷、彭湃、陈延年、赵世炎、陈乔年、林育南、杨匏安、张佐臣、许白昊、杨培生 11 位龙华英烈的事迹。现再推出李求实、柔石、胡也频、冯铿、殷夫"左联五烈士"的画传，分 5 册，按照英烈生平脉络，选取若干重要历史事件，配以反映历史背景、切合主题内容、延伸相关阅读的丰富历史图片，以图文并茂的方式叙写龙华英烈们在风雨如晦中坚持真理、坚守理想，在筚路蓝缕中践行初心、担当使命，在艰难寻路中不怕牺牲、英勇斗争，在生死考验中对党忠诚、不负人民，把人生价值和理想追求深深植根于谋求民族复兴、人民幸福之中，彰显早期中国共产党人为中国革命披肝沥胆的无畏与牺牲，实现救国救民的初心与力量。

丛书所收录的图片和史料多源自各兄弟省市党史研究室、纪念场馆，以及中共上海市委党史研究室、龙华烈士纪念馆等的公开出版物及展陈，或源自英烈后代、专家学者的珍藏。基本采用历史事件发生时期的老照片，但由于年代久远且条件有限，部分无法直接利用的老照片，或进行必要修复，或通过对现存史料进行考证后重新拍摄。

丛书反映内容跨度长、涉及面广、信息量大且年代久远，编写人员虽竭尽全力，但不足和疏漏之处在所难免，敬请广大读者批评指正。

目
录

童年岁月

HU YEPIN

家庭介绍

　　胡也频故居坐落于福州市乌石山东南麓的一条长不到 40 米名为卖鸡弄的小弄里。进入白墙乌瓦、飞檐翘角的门房，映入眼帘的是花岗岩条石铺就的天井，流泻下来的阳光就平平地铺在天井的石板上，反衬出灰木色的屋榭木讷而陈旧，庭中的修竹和山

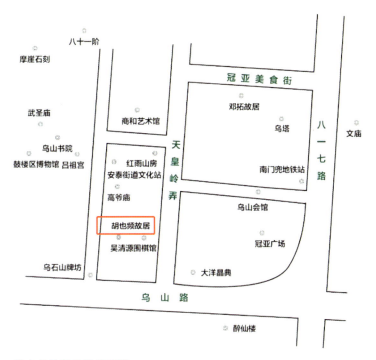

胡也频故居位置平面图

茶重碧交翠，喜鹊不慌不忙落在枝头唱得有模有样。这座老宅经过百年岁月的洗礼，已经刻出一条条深深的皱纹，透过古旧的格子窗，依稀看见也频的祖父戴着黑素罗帽、穿着青色箭衣，蹬着薄底快靴粉墨登场……

胡也频的祖父胡寿林祖籍江西新建县，原是太平天国名将石达开手下的一名武官，喜欢唱京剧。太平军失败瓦解后，胡寿林从江西带了一个戏班逃亡到福州并改名为"详声"戏班。这是福州第一个演京剧的戏班，而看戏是福州城及附近很多乡村的人们公认最好的娱乐。那时候的人对京剧十分推崇和喜爱，尤其是公子、少爷、名士更欣悦于花旦的色艺。胡寿林刚开始扮演武生，为了迎合观众的爱好，加上自己喜欢唱《翠香递简（翠香寄柬）》遂改唱花旦。胡寿林在还算年轻的时候，经过个人努力成为当地的名角。他先是租住在卖鸡弄4号的宅院，后来戏班生意渐好，就买下这套坐落在清净的乌石山路旁的住宅，一家人及戏班住在此处。为了住得更加宽绰，胡寿林重修该套宅院，两侧厢房均隔堵为前后房，且搭阁楼住人，因此共有大小十多个房间。在大厅前廊设置一面大型屏风，起照壁作用。当时寓所人丁兴旺，日子过得还算红火。后来，胡也频的父亲胡廷玉逐渐成长起来，担任戏班管事，迎娶了胡也频的母亲官氏，并育有五子一女。胡官氏善良温柔是一名笃信佛教的家庭主妇。

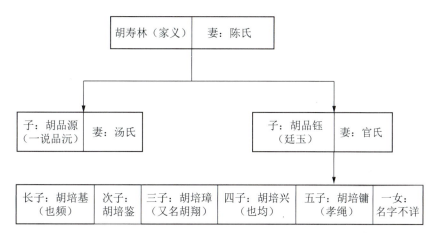

```
            ┌─────────────────────────────────────┐
            │   胡寿林（家义）    妻：陈氏          │
            └─────────────────────────────────────┘
                   │                      │
      ┌────────────────────────┐   ┌────────────────────────┐
      │ 子：胡品源      妻：汤氏 │   │ 子：胡品钰      妻：官氏 │
      │ （一说品沅）            │   │ （廷玉）                │
      └────────────────────────┘   └────────────────────────┘
                                                │
```

长子：胡培基（也频）	次子：胡培鉴	三子：胡培璋（又名胡翔）	四子：胡培兴（也均）	五子：胡培镛（孝绳）	一女：名字不详

胡也频的亲属谱系图表

福州胡也频故居

　　1903年5月4日，胡也频在左厢房出生，家里长辈给他取名胡培基。由于身体不好，家里人对他十分关心，请了乳母专门照顾他的生活起居。在饮食方面，家里人希望小也频能够茁壮成长，特意买银耳等补品给他补身子；在餐桌上，家里人也没有过多拘束他，只要他眼睛盯上的炒肉或比炒肉更好的菜肴，都随便

胡也频故居陈列展览室一角

他吃，大人还给他起了个"菜大王"的称号。在学业方面，因为他体弱多病，家里的长辈也没有过分督促。5岁时，胡也频到了开蒙启智的阶段，便附读在别人的私塾里。那时，他是一名淘气爱玩的孩童，整天盼望着下雨，可以躲在家里玩耍不用上学。因此，几乎在每一个早晨，他张开眼就先看窗外，又倾耳静听，观察天空是否正密密杂杂地在落雨。雨，尤其是早晨的，可以说是带给他快乐的天使。

　　胡也频在《登高》一文中回忆儿时小雨的情形："因为，落起雨，雨纵不大，南门兜的石板路全铺上烂泥，是无疑的，那末，我们便借这缘故，说是木屐走到烂泥上，会溜滑，会翻跟斗，就可以躲懒不上学了。倘是落大雨，那更好，假使我们就装做好孩子模样，想上学，大人也要阻止的。"此外，早晨下雨小也频还能免去念书、作文、写大字等繁杂的学习任务，同家里几个年纪相仿的兄弟姊妹聚在一起，玩掷红、弹纸虾蟆或弹骨牌来盖城墙以及做一些小孩子玩的趣味游戏。有一段时间，小也频功课不忙的时候，每天晚上随着母亲去看戏，广泛接触了京剧、闽剧和一些民间曲艺，深受戏曲和古典小说故事的熏陶，汲取了很多传统文学、民间艺术的养分。

随着年纪的增长，小也频在书斋里学做对子，完成得很出色，受到先生的称赞，但是单调乏味的私塾教学也曾令他踌躇。私塾里的教书先生留着两寸多长的指甲，抓自己的脚、头和耳朵，不是哭丧着脸哑哑地哼着"落霞与孤鹜齐飞，秋水共长天一色"，就是打着喷嚏，将鼻涕溅散到桌子上，又拍了一下板子敦促学生念书，这给年幼的也频留下很多不好的印象。教书先生对他要求十分严格，胡也频回忆道："一天到晚都不准我离开桌子，限定背三本——《幼学琼林》《唐诗》《左传句解》和念一本《告子注》，以及做一篇一百字的文章，默写一篇四百字的书，模仿一张四方格的大字，真使我连吃饭和上厕的时候都诅他。"虽然，传统的私塾教育不能尽如人意，但古代诗词歌赋的学习和积淀给胡也频埋下了一颗文学的种子。

9岁时，祖父先是眼瞎不能登台演出，后因病去世。这导致家庭经济困难，胡也频失学在家。年幼的胡也频已经体会到生活的不容易，也会照顾好弟弟妹妹，给父母减轻些许压力。11岁时，父亲做起租戏院包戏的工作，家境逐渐好转。已经懂事许多的小也频也学会早早起来观察天气。原来，戏院生意的好坏与天气大有关系，家里人都养成了每天清晨关注天气的习惯，如果是天晴，一家人都笑了；如果下雨或阴天，就都发愁起来了。因为下雨就不会有很多人去看戏，父亲的包戏生意就要赔钱了。一直到胡也频长大成人，都保留着格外关注天气的习惯。

儿时眷念

虽然小也频会因为家里生意的好坏而跟着大人一起担心忧虑，但是家里人更愿意给孩子营造一个安稳的生活环境。长辈在节日里往往会给孩子买礼物，制造一些小惊喜。像中秋节，算是小孩子一年里最快乐的日子了。胡也频在文章里回忆："差不多较不贫穷的家里，一到了八月初九，至迟也不过初十这一天，在大堂或客厅里，便用了桌子或木板搭成梯子似的那阶级，一层一层的铺着极美观的毯子，上面排满着磁的、瓦的、泥的许多许多关于中国历史上和传说里面的人物，以及细巧精致的古董，玩具——这种的名称就叫做'排塔'。"

有一年，胡也频的外祖母给孩子们早早地定做了超级高大、精美的"排塔"。别人家临时都买不到，亲戚家的小孩子纷纷投来羡慕的目光。因此，许多表姊妹表兄弟都到胡也频家里来，其中尤其是蒂表妹喜欢得厉害，她老是用她那双清澈的圆圆的眼睛，瞧着塔上那个红芙芦，现着不尽羡慕和爱惜的意思。不过，胡也频当时一心只想到北后街黄伯伯家里摆鳌山（又称彩山）①，对于家里这个塔很是淡漠。但是蒂表妹不愿意去看鳌山，小也频便舍弃看鳌山的机会陪着她聊天：从端午节的龙舟、西湖的彩船，到重九登高放纸鸢以及赌纸虾蝶、踢毽子……两个小小的人儿，从白天说到了晚上。

明亮清透的月光照进了庭院里来，月光下的竹林稀稀疏疏地倒映在玻璃窗下，胡也频、表姊妹和表兄弟们在母亲的召唤下聚

胡也频故居的天井今貌（胡也频祖宅被卖给其他人家后，天井被照壁隔开，该照壁在胡也频小时候是没有的）

---

① 摆鳌山是将树木、山水、农田、溪流等自然景观浓缩在一座鳌山里，以民众喜好的如"八仙过海""荔枝换绛桃""西游记"等民间故事为内容，进行工艺彩扎搭建，展示在花与灯之中，争芳斗奇的鳌山有浓浓的福州特色节日气氛。

到天井里，吃水果、月饼，喝葡萄酒，玩猜谜，唱歌。到了露水浓重的时候，母亲打发孩子们去睡觉。回想着中秋节这天的趣事，小也频便蒙眬睡去。

过了差不多一个月，就到了孩子翘首期盼的登高节。在九月初八这天夜里，胡也频就因听到了雨点声而难以入睡，生怕一年中只有一次的登高节，要因雨水泡汤了。次日清晨，小也频睁开眼睛，焦急地望向窗外，阳光照在窗外的枣树上，满树的枣子还映出红色，他内心一阵狂欢："这真是非同小可的事！实在，像一年只有一天的登高，真须要晴天。要是落雨，你想想，纸糊的风筝还能够上天么？想到小孩子们不多有的快乐日子，天纵欲雨，是也应变晴吧。"爬下床，小也频两只手抓住腰带束得不紧的裤头，匆匆地跑到房外找弟弟传达天朗气清可以登高、放纸鸢的喜讯。无意间，他昂起头去，看见那蓝色无云的天空中，高高低低错落的、飘翔着的大大小小各样的纸鸢。他的心里充满欢喜，心也随着飘扬的纸鸢飞扬激荡。他拉着弟弟急急忙忙找正在梳头发的母亲，央求她买一个好看的花蝴蝶纸鸢。母亲停了篦子的动作，一只手挽住披散的头发，转过脸来安慰兄弟俩："等一会陈表伯转来，他会买来一个比谁都好看的纸鸢给你们俩。""好，好，给我们两个人……"笑着，也频兄弟俩就开心地走开了。

除了向天上那些纸鸢发出阵阵羡慕，胡也频兄弟俩就只想着陈表伯，望他快转来。他们在欢喜和焦急中吃过了早饭，看着太阳慢慢地爬着，从东边的枣树上，经过庭中的紫薇、山茶和别的花草，就平平地铺在天井的石板上，各种的影都成了直线。同时，厨房里发出炒鱼和炒菜的各种声音，更使得他们心上发热。正摆上中饭时，一种熟悉的沉重脚步声，急促地响于门外边：陈表伯转来了。黑色的，其中还错杂着许多白花纹，差不多是平头，扁嘴，尾巴有一丈来长的潭得鱼纸鸢。胡也频匆匆地扒了一碗饭，就结束午饭，拉上陈表伯去登高放纸鸢。临行前，家里人嘱咐陈表伯要小心看管他们。去登高，或要买什么东西，母亲便给胡也频兄弟俩四百钱。

按照福州的习惯，在城中到了九月初九这一天，凡是小孩子都要到乌石山去登高。这一习惯除了是给小孩子特创一个游戏的

乌石山是胡也频儿时登高游玩的地方，现为乌山历史风貌区

日子，还有一个使小孩子分外高兴的传说：小孩子登高就会长高。从胡也频家到乌石山，真是近，因为他们的家后门便是山脚，差不多挨着登山的石阶，开了后门，他们三人——一个年过五十的老人和两个小孩子，拿着潭得鱼纸鸢，就出发了。胡也频在《登高》一文中回忆道：

> 这真是新鲜的事！因为像这个山脚，平常是冷冷寂寂的，除了牧羊的孩子把羊放到山边去吃草，几乎就绝了行人，倘是有，那只是天君殿玉皇阁的香火道士，以及为求医问卦或还愿的几个香客。这时却热闹异常了！陆陆续续的，登着石阶，是一群群的大人携着小孩子，和零星的到城里来观光的乡下绅士，财主，半大的诸娘仔，三条簪大耳环的平脚农妇，以及卖甘蔗，卖梨子，卖登高粿，卖玩意儿，许许多多的小贩子，这些人欢欢喜喜的往上去，络绎不绝，看情形，会使人只在半路上，就想到山上是挤满着人，和恐怕后来的人将无处容足，从石阶的开始到最高的一级，共一百二十层，那两旁的狗尾草，爬山藤，猫眼菊，日来睡，以及别种不知名的野花和野草，给这个那个的脚儿，踢着又踢着，至于凌乱，厌倒，有的已糜烂……我们到了山上，满山全是人，纸鸢更热闹，密密杂杂的，多得使人不知道看那

一个，并且眼就会花。在朱子祠东边的平冈上，我们便走入人堆，陈表伯也把潭得鱼纸鸢放上了。我拍着手定睛地看它升高。这纸鸢是十六重纸的，高远了，牵制力要强，因此我只能在陈表伯放着的绳子上，略略的拉一拉，没有资格去自由收放，这真是不曾料到的在高兴中的一点失望，于是，我想到口袋中的那二百钱，这钱就分配如下：

红红绿绿的画片，甘蔗二十文，

梨子三十文，

登高粿五十文，

登高粿的小旗子另外十文，

竹蛇子二十文，

纸花球二十文，

剩下的五十文带回家，塞进扑满去。

但一眼看见那玩艺儿——猴溜柱，我的计划便变动了，从余剩的数目中，又抽出了三十文，到了吃鱼丸两碗四十文的时候，把买甘蔗的款项也挪用了。以后又看见那西洋镜，其中有许如和尚讨亲以及黄天霸盗马之类，我想瞧，但所有的钱都用光了，只成为一种怅望的事。

乌石山山顶平台

　　小也频抬头望见大家放纸鸢的好本领，瞬间忘却没零花钱的烦恼。又过了好久，到太阳渐渐地向山后落去，空间的光线淡薄了，大家才忙着收转绳子，于是那大大小小的各样纸鸢，就陆陆续续地落下来，只剩一群群的乌鸦在天上绕着余霞飞旋……儿时的各种节日让胡也频长大后仍然眷念、回味，并把对故乡的思念幻化成文字，源源不断地书写于笔端。

小学教育

　　1914年，胡也频就读于台江帮洲的教会学校——崇德小学。他积极投入学校开展的演讲和演话剧活动，还得过演讲比赛的奖章。学校组织话剧演出，其中独幕话剧《仲尼与项橐》讲的是三尺小童用瓦片筑起小城阻止孔子周游列国传道的故事。胡也频扮演项橐，把机智灵敏的小项橐演绎得活灵活现，很快便成为学校里的文艺分子。由于崇德小学是教会学校，学校要求非教徒学生受洗礼入教，而也频的母亲因信佛一再反对儿子去做礼拜，所以胡也频后来就离开了崇德小学，父母把他另外送到石塔寺的私塾里读了三年书。其间，他熟读了"四书五经"等古书，他还喜欢读杜甫、白居易等名家的诗词，学着写下一首首旧体诗词，用他稚嫩的文笔，讴歌山川景物，抒发对历史英雄人物的缅怀。胡也频不是一个呆板的孩子，他早就不满足于书斋生活。每遇放学上街，他总要去看看报纸杂志，关心更广阔的社会天地。

1915年，日本向中国提出"二十一条"无理要求，随后，日舰队又闯进福州、厦门等港口，胁迫中国当局。袁世凯野心称帝，为讨好日本，竟承诺其一至四条各项及第五条中关于福建问题的要求。这立即引起了人民的强烈反对，福州学生举行了反对卖国的"五九"爱国运动，示威游行，捣毁洋布行，焚烧日本货。胡也频也被卷入游行队伍，跟着高喊口号："五月九日，五月九日，呜呼我国耻，二十一条约，强迫我承认，要求太无理……"年仅12岁的他，初次体验到个人和祖国前途命运息息相关的联系，朦胧地希望自己成为一个于国家民族有益的人。

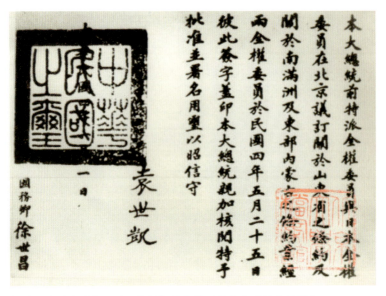

袁世凯签署的《中日民四条约》的文件（北京大学档案馆藏）

在黑暗的旧社会，闽人有句俗语："做戏头，乞丐尾。"它概括了老艺人生活的悲惨结局。由此也可想见，以包戏为生的胡家经济是很不牢靠的。况且当时正值军阀混战，帝国主义加紧侵略，国内到处民不聊生，胡也频父亲的包戏生意也难以为继。1918 年，因家境窘迫 ①，他不得不再次辍学。

---

① 1918 年，戏班在一次演戏中因武打失手出了人命，吃官司赔了大钱，以致家道中落。

求学少年

HU YEPIN

学徒生涯

胡也频15岁时，在舅父官水清（又名连俤）介绍下到福州台江中亭街上的祥慎金铺当学徒。老板丁维清看见他比较秀气和伶俐，安排他在柜台上做事。虽然胡也频被围在金银争辉的柜台里，却过着生命中最暗淡的日子。他不仅要收拾铺面、打扫地板，替老板、掌柜打水和送茶，还要做侍候客人，给老板一家人倒夜壶等奴仆杂役的活儿，甚至被逼迫着吞下做奴隶的凌辱。

20 世纪 30 年代的中亭街

白天，他得学打算盘，学看真假洋钱、金子成色，听着掌柜的、先生们向顾客们说各式各样的谎言。晚上临时搭几个凳子在柜台里睡觉。冬夜很冷，他常常通宵睡不着；夏夜，他和伙计们挤在一起，暑气溽热，常有蚊虫叮咬，也不得安眠。还有一次夜晚，当他睡熟了后，大学徒因嫉妒胡也频能够打算盘、学看账簿，跑来企图侮辱他。他抗拒，又不敢叫唤，怕惊醒了先生们，只能拼命地抵抗，他的手流血了，头碰到柜台上，大学徒看见不成功，就恨恨地尿了他一脸。胡也频爬起去洗脸，尿、血、眼泪一齐揩在手巾上，眼泪止不住地流。他不能说什么，也无处可诉苦，更不愿告诉父母，只能隐忍着，将侮辱更多的压了下来。

　　那时，胡也频、郑成奇，还有一个叫林维雄的学徒工三人合管一个橱架，内有金器三四百两。有一次，橱里少了金戒指，老板把整个铺子都闹翻了也没找到遗失的戒指。老板就赖他们三人合偷去了，尤其怀疑胡也频。因为戒指是放在玻璃盒子内的，也频每天早晚都要把盒子拿出来摆设和搬回柜子里，他又很少离开柜台。开始老板和掌柜等暗示他，用各种好话来哄骗他，要他拿出来；后来就上升到人身威胁，说要送他到局子里去。老板和掌柜个个凶神恶煞，他们骂他、羞辱他、推搡他、敲打他，直至把他捆了。胡也频泪眼婆娑地辩白，甚至苦苦哀求起来，求他们相信自己、放过自己，自己绝对没有偷金戒指，是冤枉的……一切都没有用，眼泪流干了都换不回一句清白，低声下气地哀求换不回一丝尊严。最后，胡也频绝望了：空洞洞的目光，没有一丝眼泪；麻木的身体，感受不到疼痛，任凭别人摆布。他心里后悔没有偷他们的金戒指，他恨恨地望着那些首饰，心里想："总有一天要偷掉你们的东西！"他把恨埋藏在心里，他想，总有一天要报仇的。金戒指找出来了，是掌柜拿到后边太太那里去看，忘了拿回来。他们放了他，谁也没有向他道歉。胡也频在绝望中保持着一份清醒，这份清醒让他认清了人世间各式各样的嘴脸，让他也分清了人的真假、善恶。这些委屈和羞辱如源源不断的潮水涌向胡也频的心里，在他的心里翻涌成怒气的巨浪。这番怒气和屈辱在胡也频心里种下了一个欲望，一个报复的欲念。

漫漫长夜中，他脑海里装满了疑问，无法入睡——世态怎么就那么炎凉，人心怎么那么奸诈、刻薄？他常常做着梦，梦想能够到另一个社会里去，到那些拿白纸旗、游行宣传救国的青年学生的世界里去。在被诬赖偷拿金戒指事件发生后一个月，胡也频终于等到一个机会，一个报复和逃离的大好时机。在不甘和愤怒的指派下，他真的偷了橱柜中四两多的金钏（金镯子）首饰逃了出去，离开福州城的这家金铺，离开这个人间炼狱。

金铺子问胡也频的父母要金钏，他父母问金铺子要人。大家打官司、告状，事情一直没有结果。另一家金铺把他弟弟也辞退了。家里找不着他，人都急疯了。他母亲日夜流泪，但他却不再出现在福州城里，人间蒸发了一般。

十几年的岁月，过去福州城的种种，犹如隔岸的风景，倒映在水中，胡也频是既渡的行人，怀着一颗愉快的、颤栗的心，也怀着那副沉重的金钏，惶惶然搭了去上海的海船，曾经在烈日中覆他载他，在寒流中蔽他翼他的家人和老宅，终也变得邈远而模糊。

浦东中学

1920 年，胡也频睡在舱面，望着无边的翻滚的海浪，不知应该怎么样，要去做什么？海水什么都不能告诉他，白云把他引得更远。他不能哭泣，他这时大约才十六七岁。船上没有一个他认识的人，便随着船上结识的同乡住到了一个福州人开的小客栈。

他谎称自己是来上海找舅舅的。他住在旅馆里好些天了，把平素积攒下来的几个钱用光了，把在出走前问他母亲要的几块钱也用光了，"舅舅"也没找着，他想去找事做，或者还当学徒，他一直也没有敢去兑换金钏，总觉得这不是他自己的东西，迟疑着究竟该不该用它。

在小客栈的来客中，胡也频遇到一个比他大不了一两岁的男孩子。原来他是"小有天"闽菜馆的少东家，在浦东中学上学。他们做了朋友，少东家劝他到浦东中学去，他想起了他在家里所看见的那群拿白纸旗的学生来。他们懂得是那样的多，他们曾经在金铺子外讲演过，他们宣传反对帝国主义，反对卖国条约"二十一条"，他们是和金铺子里的掌柜、先生、顾主完全不同的人，也同他的父母是不同的人，虽然学生们年纪小，个子不高，可是穿校服的学生都使他感觉是比较高大的人，是英雄人物。胡也频曾经很向往过学生生活，现在他可以进学堂了，他是向着他们的道路走去，是向一个有学问、为国家、为社会的人物的道路走去，他是多么的兴奋，甚至不敢有太多的幻想呵！于是胡也频兑换了金钏，把大部分钱存在银行里，小部分交了学费、膳食费，还了旅馆的债，他脱离了学徒生活，脱离了简短的流浪生活。

1920 年春天，他成了一名浦东中学学生，拿到棉质校服的那一刻，胡也频的眼泪在眼眶里打转儿，他终于找到了一个方向，结束了漂泊流浪的生活。当时，坐落于浦东六里镇白莲泾南侧的浦东中学，因校风纯朴、师资精良、教规灵验、设施一流而人才辈出，享有"北南开，南浦东"的美誉。胡也频入学的时候，校长朱叔源大刀阔斧地改革中学教育：在学制上，改学年制为学期制；在革新课程方面，浦东中学注重理论与实践、知识与技能、普通教育与职业教育并重，强化知识技能训练，发挥学生个性特长。胡也频在浦东中学结交了很多新同学，开阔了视野，贪婪地

民国时期浦东中学东门

浦东中学区域地图

浦东中学校史馆复原民国时期浦东中学大礼堂

远眺浦东中学

汲取新知识、新思想，很快融入了这个新集体。每到夜里熄灯以后，宿舍里还有借着烛光读书的人影，后来越来越多的宿舍都挑灯夜读，胡也频也加入其中。学校老师觉得这样夜读影响白天上课的精神状态，严厉制止了学生夜读的行为。但这影响不了学生刻苦学习的心，晨读的风气一直非常浓厚，在清晨破晓之后，在花前树下都能看到穿着质朴的棉织品的胡也频，朗朗的读书声，和早起的鸟儿叽叽喳喳的叫声形成唱和。

海军军校

漂泊在上海的胡也频，离家千里，仿佛是茫茫大海里一只失去桅杆的孤舟，感到依傍不到边际的惶恐；又像空中的一片残叶，失去了大树枝干的依靠。虽然能够读书，但还是充满迷茫，胡也频在浦东中学读书有一年多的样子，他的行踪终究被他父亲知道了。胡廷玉从家乡赶到上海来看他，深深地凝视着远在天边、近在眼前的孩儿，没有责备他一句。这让胡也频感受到一种无言的、严肃的、在当时往往无法细诉的爱，像一簇簇火给人温暖却令人生畏。父亲为他的事情踌躇良久：要求儿子跟着回家，首先得归还金钏，这个数目目前是他自己无力承担的，留在上海读书只能是暂时的，难以为继。思前想后好几个晚上，父亲为也频想到一个稳妥的办法：之前，在段祺瑞政府海军部任职的亲戚

海军大沽造船所原貌

回榕探亲，曾托他介绍次子胡培鉴去大沽口的海军学校读书，现如今只好让不能回家的也频代替培鉴去海军学校读书，那里是免费的，这样也频不仅可以不愁学费、膳食费，还可以找到一条出路。

"父母之爱子，则为之计深远。"远在福建的父母，将所有零星的旧家伙卖掉，来维持胡也频的路费和学业。这样胡也频很快就又变成一个海军学生，他在天津大沽学轮机制造。他一点也没有想到他会与文学发生关系，他只想成为一个专门技术人才；同时也不会想到他与无产阶级革命有什么关系，他那时很安心于他的学习，尤其关注数学、物理知识的学习，希望自己在机械制造方面能够有所建树。

大沽口要塞旧貌

胡也频少年时代身着长袍像

　　1921 年，胡也频给自己取了个名字胡崇轩，就读于大沽口海军预备学校学轮机，在学校里认识了项拙等一批志同道合的同学，他们想着成为一名专门技术人才，报效祖国。那段时间，他过得平稳而充实，醉心于技术研究，安心于学习机械构造。然而天有不测风云，读了三年左右①，海军学校停办了。胡也频只能再度失学。想继续读书的他，跟着同学来到了高等教育资源丰富的北京。

---

①　关于胡也频读海军学校的年限，学界有多种说法：一说读了三年左右，见于《传记文学》第 48 卷第 6 期；一说一年不到，见于徐绍钧著《图本丁玲传》，本书根据胡也频小说《中秋节》一文叙述有四年安稳学校生活，采信第一种说法。

文艺道路

HU YEPIN

流寓生活

古都北京是一座学习的城、文化的城，富有底蕴、思想开明的城。1923 年，胡也频到了北京，他希望能投考到一个官费的大学。没有成功，后来就在北京大学当一名旁听生。钱用完了，不能回家又找不到工作，他就流落在一些小公寓里。他付不起房租，为了不让公寓老板撵走他，他常常帮助他们记账、算账、买点东西，晚上就替老板的儿子补习功课。公寓老板甚至碍于情面不好意思把他赶出门，胡也频非常喜欢这些公寓老板，觉得他们还挺宽厚。

胡也频有一个同学是交通大学的学生，他因为不愿翻字典、查生字，就叫胡也频替他查，预备功课。胡也频就常常从东城到西城来替他查二三百生字。有时他留也频吃顿饭，还不断地把自己的破袜子、旧鞋子、旧衣服给也频。胡也频也就把他当作唯一的可亲的人来往着。尤其是在冬天，他的屋子是暖和的，胡也频每天冒着寒风跑来后，总可以在这暖和的屋子里待几个钟头。

除了这个交大的朋友以外，那个推荐自己读海军军校的亲戚的儿子也救济过他。这个朋友是同乡，也是同学，海军学校停办后，因为肺病，没有继续上学，住在北京家里休养。这个在休养中的年青人常常感到生活的寂寞，需要有人陪他玩，他常常打电话来找胡也频，也频就陪他去什刹海，坐在芦席棚里，泡一壶茶。他喜欢旧诗，也作几句似通非通的《咏莲花》《春夜有感》的七绝和五言律诗，他又要也频和他联句。胡也频没有办法，也就只得胡诌。有时两人就在那里联句。鬼混一天之后，这位慷慨的同学可以给胡也频一元钱的车马费用来回寓所。穷困的胡也频一分也不敢花，每次都是走回去，这一元钱节省下来能解决很多问题。后来，胡也频害了一场很严重的痢疾，公寓老板觉得他命不久矣、落井下石：一面要他还清房租债务，一面要赶走他。走投无路之下，胡也频去求这位同学帮助，他十分慷慨给了也频 50 元大洋救急。胡也频才能还债看好病，渡过一劫。

胡也频早期的诗作《昨夜入梦》，塑造了一个流浪儿的形象：

民国时期什刹海的风景

"坠落繁华之域／只披着不堪蔽体的飘零单衣／蜷伏在凛冽的朔风里——颤栗……我依样在饥寒，悲号着行乞／觉得心尖不住地跳跃／筋肉起伏地敛缩／自早晨直喊到晚上／得不到烧饼半块，剩饭一粒／我颤颤地，无力地／躺在繁华之域／眼巴巴地望着浩荡的穹苍／猛烈地悲愤／静默地饮泣／呵！我是个无依无靠的乞儿／应被人们摒弃，指斥。"显然，诗歌里描绘的，便是胡也频这段时间在北京漂泊不定、辛苦讨生活的人生体验的写照。

此后，胡也频吸取被逼债、险些殒命的教训，打白条住公寓非长久之计，便住进了价钱更低廉的学生公寓，赶紧寻找出路。住在公寓里的那些大学生，大多爱好文学。那时北京有《晨报副刊》，后来又有了《京报副刊》，常常登载着一些名人的文章。公寓里住的大学生，都是一些歌德的崇拜者，海涅、拜伦、济慈的崇拜者，鲁迅的崇拜者，这里常常谈起莫泊桑、契诃夫、易卜生、莎士比亚、高尔基、托尔斯泰……而且这些大学生似乎对学校的功课并不十分注意，他们爱上旧书摊，上小酒馆，游览名胜，爱寻找志同道合的朋友，谈论天下古今，尤其爱提笔写诗、写文，四处投稿。

胡也频在学生公寓住着，既然太闲，于是也就跑旧书摊。由于没有钱买书，他就站在书摊前把书看个差不多，广泛阅读外国文学作品，慢慢对文学产生了兴趣，尤其喜欢读李劼人翻译的法国小说家福楼拜的《马丹波娃利》①、都德的《小物件》、莫泊桑的《人心》等。房间里，他还把《小说月报》上一些套色画片剪了下来，贴在墙上。还有一些准备做诗人的年轻人，对胡也频青睐有加，跟他聊得也更投机些。丁玲在《一个真实人的一生——记胡也频》中回忆："要做技术专家的梦，已经完全破灭，在每天都可以饿肚子的情况下，一些新的世界、古典文学、浪漫主义的生活情调与艺术气质，一天一天就侵蚀着这个孤单的流浪青年，把他极简单的脑子引向美丽的、英雄的、神奇的幻想。"这些文学作品的奇思妙想和动人之处引领着胡也频来到文学创作的国度。文学启发像一扇窗户，给他孤独寂寞的心灵带来了一束光，胡也频情不自禁地拿起笔，写出自己漂泊的青少年时代，记录自己饱受的人间凄楚，刻画出人间的世态炎凉，描摹出自己求生的奋斗。他的内心饱含着对人世不平的愤懑，郁积着对黑暗社会的不满，充斥着对劳动者的深切同情，这一切都是浇灌他文学创作之花的甘泉。

副刊编辑

1924 年，胡也频开始在北京的报纸、刊物上发表小说、诗歌、散文。他满心期待地把自己写的文章邮寄出去，希望在哪张

---

① 李劼人翻译，上海中华书局出版，今译《包法利夫人》。

报纸上能够看到一个作者署名为"胡崇轩"的文章出现。哪怕是小小的"豆腐块",也能让他开心不已;哪怕当天的吃饭问题都没有着落,他也会心满意足地傻笑,觉得自己的才华被编辑认可。

自进入旧历的十月,北京就到灰沙满地、寒风刺骨的季节了,所以冬天是一般人最怕过的日子。对于生长在南国的胡也频来说,冬天尤其难挨。听着纸糊窗户上沙沙的响声,胡也频把头露出被子,便觉得有一种冰凉的湿湿的东西贴到脸上来;他赶紧拢紧一下周身的棉被,让整个身体在小小区域的温暖中,多挨一会儿。而这挨一会儿,在这样天气奇冷的北风哮叫时候,可算是一种幸福吧。胡也频因为挂念着自己的文章被登载情况,想看一看报纸的副刊,便又露出头,咬咬牙穿衣服起床,哆哆嗦嗦地去拿桌子边的报纸。就这样日复一日,在廉价的公寓里,胡也频反复咀嚼自己漂泊、困苦的少年岁月,寻找创作素材和灵感源泉。如果说,只有生活才是诗歌的源泉,那么,胡也频的有些诗就是从自己生活的泥沙里淘洗出来的灿烂的金子。皇天不负苦心人,他的作品给《晨报副刊》主编孙伏园留下较好印象。12 月 9 日,在孙伏园的举荐下,由荆有麟负责,胡也频、项拙、陆士钰一起编辑的《京报》①副刊之一《民

---

① 《京报》有很多副刊,比如《火球旬刊》是一月发行一张,《民众文艺周刊》是一周发行一张。

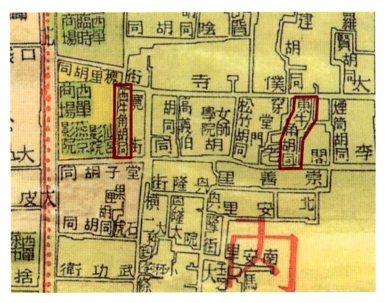

《最新北平大地图》(解放版)中的太仆寺大街和西牛角胡同位置示意图，西牛角胡同为编辑处所在地

众文艺周刊》[①] 创刊了。虽然编辑的是周刊，但是这份工作给这位来自南国的文艺青年带来极大的热情。

当时编辑处设在西城太仆寺街西牛角胡同 2 号，这间房还是他们的住所。根据沈从文在《记胡也频》中回忆："胡也频和项拙便同住在一个房间里。每到应送稿的一天，两人坐了洋车或徒步轮流送稿到京报馆。每期报出后，还由编者亲自到报馆去，把

① 《民众文艺周刊》原定名《劳动文艺周刊》，创刊号稿件送报社被报社擅改为此名。

那作为报酬的两百份单张周刊拿回。刊物取回住处后，两个人就低下头伏到桌边，分头抄写寄赠各处的封套。在当时，似乎居然还有人远远的寄了邮花来订买这刊物的事，几个人仿佛十分兴奋，并不因此自弃。什么人寄了两份邮花来，这一面，便为按照那个地址，写一个封套，附贴一份邮花，把刊物寄出去。有时人家只寄来两份邮花，因为不曾指定需要某一期刊物，他们却把所有已出各期刊物，各拣出一份，寄给那个读者。他们在这种情形下，每月所用的邮花，自然是不能靠别处寄来的邮花相抵的。但

胡也频送稿的地方——《京报馆》

1924年12月16日《民众文艺周刊》
第2号刊登胡也频（胡崇轩）的小说
《梦后》

1925年鲁迅摄于北京

他们是不在乎此的，他们每一份刊物寄出去时，都伴着做了一个好梦。他们是年青人，一个年青人的可爱处，在这些从事于文学的人方面看来，是更多天真的糊涂处的。他们如其他初初从事于文学的人一样，是只盼望所写成的文章，能有机会付印，印成什么刊物以后，又只盼望有人欢喜看看的。只要有人阅读，他们就得到报酬了。"

值得一提的是，《民众文艺周刊》创刊初期曾得到鲁迅的支持，他帮助看一部分稿件 ①，并把自己的部分杂文发表于此刊物，提升该刊的知名度和阅读量。当《民众文艺周刊》出版到第 17 期的时候，鲁迅就放手给这批年轻的编辑，让他们全权负责审查稿件。一摞摞的稿本放在编辑部的一张公事桌上，胡也频和几位年轻的稿件审查员七嘴八舌讨论些八卦，然后开始他们的正式工作，打开一册或一卷的小说、戏剧和诗的原稿。胡也频在小说《诗稿》写了这一阶段的审稿经历："原稿虽说很多，每本又很厚，而且是密密的誊满着须要领会的小小的字，但这些审查员的眼光是锐利的，所以那堆积的稿件，在手指头不断的接连着翻动之间，就一件件的减少了……为了慎重缘故，每一个稿件是必须经这三位审稿编辑的轮流过目，然后才加以留和去的两种符号：

_____

① 自第 17 期起鲁迅即不再代阅稿件。

○和×。又为了慎重缘故，在将要划上这决定的符号时候，每位审稿编辑便说出各人的意见，以为评判的标准。然而非常之快的，这几个审稿委员已审查就绪了，并且开始对于那叠得高高的约有二十余件的原稿，像农夫锄草似的，在每一个封皮上面，用红墨水的钢笔尖划上去留的×和○。"

审稿的同时，胡也频他们还能经常看到鲁迅的文章，甚至见到鲁迅本人，这对还在文学之路上踽踽独行的年轻人来说，真是一件值得高兴的事。1924年12月28日中午，在中兴楼，鲁迅和胡崇轩、项拙、孙伏园等边吃饭边谈论文学编辑和文学创作。这次跟鲁迅会面，让胡也频像小"迷弟"一样，仰望、追随鲁迅的脚步，在思想上褪去幼稚，更多地关注社会现实问题，笔触也涉及社会底层和劳苦大众，去为苦难的人生而写，去写人生的苦难。

由于编辑热情和文学创作不能解决温饱问题，一分钱也往往会让七尺男儿折腰。1925年1月，恰逢同学邀请他去烟台兄长家做客，便欣然应邀前往。在临行前他做了两件事：一是在1月8日，约上荆有麟访问鲁迅，因要去山东，特向鲁迅来辞行告别。二是把一件旧夹袍、两条单裤往当铺里一塞，换上一元多钱，买了四等车、四等舱的票。烟台有一位胡也频同学的哥哥在那里做官。1月12日，他就投奔同学的哥哥家，去做一种极不受欢迎的

20世纪20年代拍摄的烟台商业区街景

客人。他有时陪主人夫妇吃饭，主人要是有另外的客人，他就到厨房去和当差们一道吃饭。主人看见是兄弟的朋友，不便马上赶他走，他自己也没有什么不安，因为他还不能懂得许多世故，以为朋友曾经这样约过他的，他就不管。

胡也频未到烟台之前，觉得烟台会是一个开明的地方。到了烟台，胡也频发现原来烟台是表面上的开明，还有很多陈规陋习和陈旧思想扎根在市民心中。胡也频在大街上发现从老太婆到中年妇女、青年少女，乃至八九岁的姑娘还在缠足，这种遍布大街的缠足现象令胡也频痛心疾首。

为了印证烟台保存着"恶风俗"的初印象，胡也频连续几天买了烟台的报纸——《胶东日报》《爱国报》《钟声报》《芝罘日报》，每一份他都仔细阅读，结果让他有些失望，舆论上面仍然充满着守旧的气息。胡也频忍不住向他的好友项拙倾诉道："亦愚！……只把这'新闻记者联欢社启事'中的几句话摘录出来，介绍给你，足可以知道烟台舆论之思想的高明了！'近闻电灯公司派人四出检查电灯，任意侵入人民居室，不顾法纪；妇女孩提之因惊受病或致死者，实繁有徒。前记行动，不惟侵害他人居住自由，显违法章，行且违反中国四千年男女有别——至良至美之古训'。"胡也频诧异地发现：烟台的舆论原来是牢守着"中国四千年男女有别至良至美之古训"的伦理道德；早在三年前，北京的舆论风向就赞成女子参政，而现在烟台好抱残守缺——男女有别；北京城里30岁以内的姊妹们可以自由奔跑，而烟台的八九岁姑娘还在缠足！

在这座思想保守的城市，在同学哥哥家里不受待见，胡也频就会拿几本从北京动身时借的小说到海边去读、去散心、去思考。烟台蔚蓝的海水是那样的平稳，那样的深厚，广阔无边，海水洗去了他在北京时那种嗷嗷待哺、亟亟奔走的愁苦，海水给了他另一种雄伟的胸怀。他静静地躺在大天地中，听柔风与海浪低唱，领会自然，他便任思绪纵横，把他短短十几年的颠簸的生活，慢慢在这里消化，把他仅有的一点知识在这里凝聚，他感悟到了人生。到了春天稍微暖和些的日子，他敞衣、跣足，遨游于烟台的海边沙滩上。他朦胧地有了些觉醒，他对生活有了些意图。他觉得人不只是求生存的动物，人不应受造物的捉弄，人应该创造，创造生命，创造世界。在他的身上，有新的东

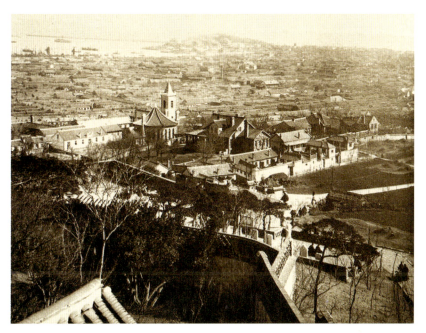

20世纪20年代烟台港口俯瞰

西在萌芽，他不是一个学徒的思想，也不是一个海军学生的思想，他只觉得他要起来，就能与白云一同变幻飞跃，与海水一道奔腾。

在海滨城市的漫漫长夜中，胡也频总是充满着书写的欲望，他拿起笔给远在北京的同学、编辑们写信，寄送创作的小说、散文等稿件。一是因为"在烟台不能生活"①需要稿费来江湖救急，二是对友人的思念，诉说自己的所见所闻所感，诉说着对北京开民主、自由风气之先的怀念。其中一篇通信《雷峰塔倒掉的原因》批评了无知愚昧的群众的迷信思想，引起鲁迅的关注，鲁迅随即发表杂文《再论雷峰塔的倒掉》："从崇轩先生的通信（二月份《京报副刊》）里，知道他在轮船上听到两个旅客谈话，说是杭州雷峰塔之所以倒掉，是因为乡下人迷信那塔砖放在自己的家中，凡事都必平安，如意，逢凶化吉，于是这个也挖，那个也挖，挖之久久，便倒了……"鲁迅对胡也频的种种关注，为此后他们更深厚的亦师亦友的联系埋下了伏笔。

时间到了3月中旬，主人送了他二三十元的路费，又给了他一些庸俗的箴言，看似是鼓励他，实际是希望他不要再来

---

① 据荆有麟在《鲁迅回忆，莽原时代》中记载，胡也频到烟台之后在烟台不能生活，寄一篇文章给我，先生（鲁迅）也曾代他们找李小峰办过稿费的交涉。

了。他拿了这些钱，笑了一笑，又坐上了四等舱回到北京。在北京，他自由民主的思想可以得到释放；在北京，他逐渐展露的文学才华可以施展；在北京，他有一批追逐文学梦想的朋友……

以文会友

1925年春，当时还籍籍无名的文艺青年沈从文用笔名"休芸芸"寄了文章到《民众文艺周刊》。文章旋即被登载发表。胡也频和项拙因为欣赏沈从文的文章，专程赶赴西城的庆华公寓拜访沈从文，虽是初次见面，都不觉得尴尬反而有说不完的话，像老朋友一般，大概是因为他们几个年龄相仿、多少有些行伍经历。这次登门拜访给沈从文很大鼓舞，"当时的喜悦，使我不能用任何适当言语说得分明，这友谊同时也决定了我此后的方向"。次日，胡也频又去找沈从文聊天，他们在煤气熏人的泥炉子旁，忘我地谈论着天南海北的见闻和文学创作，心中流露出惺惺相惜和相见恨晚的情绪。

当时，胡也频和湖南人左恭租住同一处房子。一次，左恭为见女朋友曹孟君，要到西城的辟才胡同去，胡也频与他同行。在辟才胡同的补习学校宿舍里，胡也频见到了丁玲，素未谋面，却痴痴地看着她。只见尚未退却婴儿肥圆圆的、红润的脸颊，有着细长的眉毛和一双明亮而澄澈的眼睛。这双眼睛像一对宝石，扑通一声投入胡也频心中的长河，在其中泛起阵阵涟漪，久久不能平静。在谈话中得知丁玲是湖南人，胡也频很热情地告诉她，北京有一个给他们编辑部投稿的年轻人笔名叫休芸芸，来自湖南湘西，是她的老乡，名为沈从文。心河荡漾的胡也频略带狡黠微笑地说："听人说他长得好看，改天介绍你们认识，你去看看他到底如何好看。"

到了四五月间，草长莺飞，北京城的胡同里飘着槐花香气，胡也频穿着月白色长衫，丁玲穿着青色绸裙有说有笑地走到沈从文的住处。丁玲站在门房外，望着沈从文发笑，一句话也不说。沈从文被看得摸不着头脑，直愣愣地问："你姓什么？"丁玲回复道："我姓丁。"随后，丁玲面带笑意在沈从文名为"窄而霉斋"房间里坐下，沈从文也跟着笑嘻嘻的并在内心揶揄："你是一个胖子的神气，却姓丁，倒是真好笑咧。"随后，丁玲先走了，胡也频告诉沈从文：丁玲是她的化名，她不姓丁，没能考进美术学校，只好在北京大学旁听……

后来，胡也频邀上沈从文去通丰公寓的小房间，地面是潮湿发霉的甚至有些发臭，房内陈设极为简单。身穿灰色布棉裙的丁玲在一张小小的条桌旁边写字看书，窗户纸上贴着很多人像素描。胡也频热情地跟丁玲打着招呼，满眼满心都是丁玲的倩影，三个人热烈地讨论着北京的风物、各自的经历和文学创作的趣事。他们都有漂泊各地的人生经历，所以谈得还算投缘。

说来也巧，他们三个人在北京萍水相逢，却有着相伴一生的友谊。他们三个由于笔迹相似还产生了一个小插曲，让鲁迅产生误会。因为他们都习惯使用硬硬的笔头，蘸上蓝色的墨水，在狭行的稿纸上写小小的字，差不多每一张纸都得容纳八百字左右的光景，字迹的疏朗处，以及勾勒的方法，又差不多没有什么分别，以至于后来在现代评论社方面，有编辑以为胡也频是沈从文的另一个笔名。巧合的是，丁玲在另一个平行时空——还不认识胡也频、沈从文时，也爱用这个方法用细钢笔尖在布纹纸上写的这种蝇头小楷。外人不仔细看，分不清他们三个人的笔迹。

时间回溯到 1925 年 4 月，丁玲给鲁迅写信，在信中诉说自己的苦闷，渴望得到鲁迅先生的指引……30 日，鲁迅收到丁玲这封信的时候，有一个叫荆有麟的人在身旁，他对鲁迅先生说：从字迹看来，这封名为丁玲的来信，很可能是沈从文写的。[1] 当时北京曾发生男子以女人名字发表作品的事，如北京大学学生欧阳兰，所以，鲁迅便认为是沈从文假冒丁玲女士的名义给自己写

---

[1] 还有一个说法是鲁迅拿到信后请两位编辑（孙伏园等）帮忙打听丁玲是谁，结果得到的答案是"笔迹上看很像沈从文"。就这样，鲁迅误以为是沈从文冒充女人向他写信求帮助，极为生气，也对这个年轻人有了恶感。

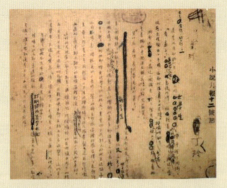

丁玲钢笔字手稿

胡也频钢笔字手稿

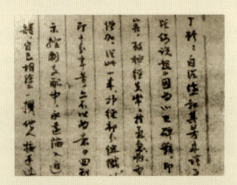

沈从文钢笔字手稿

信，并对此事极为生气。丁玲那封信，鲁迅便不作复了。

与此同时，胡也频与丁玲刚刚相识。简单热情的胡也频遵循自己的内心燃起的熊熊爱火，为那一见钟情而不断努力。胡也频听说丁玲有一个弟弟夭殇了，她常常为此哭泣，还曾酒醉独自跑到陶然亭思念亲人。于是，在与丁玲见过几次面后，他便请公寓的伙计送去一大把黄玫瑰，并且在花上夹了一个字条："你一个新的弟弟所献。"而此时的丁玲，因为没有收到鲁迅的回信，等了两个星期，便由希望变成失望。至于胡也频，丁玲只觉得他勇猛、热烈、执拗、乐观，甚至觉得他有些简单，有些蒙昧，有些稚嫩。丁玲收到鲜花毫不动心，由于思念自己的母亲，此后不几日，便回了湖南老家。

5月上旬丁玲离开北京不久，简单率真的胡也频一厢情愿将自己当作她的弟弟，甚至在拜访鲁迅时，叫门房通报他是"丁玲的弟弟"。鲁迅先生一听这个名字，便在屋内大声对传话的门房说："就说我不在家！"胡也频只得没趣地离开。至此，三个人因写字相像而产生的误会，暂时画上了句号。

HU YEPIN

四

遇到爱情

为爱奔走

虽然只有短短数次的见面，但胡也频爱上了独立自强的丁玲，爱上了她透着几许幽怨和矜持的眼神，爱上了她走过的每一寸土地，爱上了她看过的每一个街景。胡也频因送去鲜花没有得到回音，便陷入了痛苦的烦乱之中。但他生性勇敢而执拗，不会轻言放弃。5月中旬，胡也频找到荆有麟，央求帮忙筹借 20 元路费，要去湖南找丁玲。根据丁玲回忆："1925 年暑假，我住在常德我母亲学校的时候，有一天，听见大门咣咣的响，我与母亲同去开门。我们都不得不诧异地注视着站在门外的那个穿着月白长衫的少年。我母亲诧异这是从哪里来的访问者？我也诧异这个我在北京刚刚只见过两三次面、萍水相逢、印象不深的人，为什么远道来访。但使我们更诧异的是这个少年竟是孑然一身，除一套换洗裤褂外便什么也没有，而且连他坐来的人力车钱也是我们代付的。"

丁玲出身于湖南没落的官宦世家，母亲蒋慕唐① 开风气之先主办新式教育，这跟胡也频漂泊、穷困的生活经历大不相同。多年后，丁玲在文章中回忆起："他很少知道像我母亲所经历的身

---

① 丁玲母亲姓余，闺名曼贞，后改名为蒋胜眉，字慕唐。

世，对我们家庭所处的社会也是陌生的，对我过去在上海的朋友们，更是没有接触过。他滋滋有味地听着，后来曾摄取其中的某些片断写过小说。但他最熟悉的是一个漂泊者的生活。饥饿、寒冷、孤单寂寞、冷淡的人世，和求生的奋斗。"

虽然胡也频在丁玲母亲这里，在这所空廓的庙堂里，日子过得无忧无虑，但他的心仍然沉沦在长久的漂泊生活中。正如胡也频自己所说的，"在人生所经历的各种事物中，几乎活动着的，全是悲的力量，并且一种悲的刺激会淹没许多欢乐的记忆"。不过，他似乎不以为意。胡也频很少喋喋饶舌，他常常痴痴呆坐，咬着手指，然后写下几首悲愤的、惆怅的诗篇。这跟现实中乐观、热情、阳光的南国文艺青年形成巨大反差，让丁玲忍不住去探索他的内心。于是就有了丁玲后来对胡也频的回忆和评价："有着最完美的品质的人。他还是一块毫未经过雕琢的璞玉，比起那些光滑的烧料玻璃珠子，不知高到什么地方去了……""只有从他的诗里面才能理解他为人世困苦、冷酷和缺少天伦之乐、缺少友谊而感到刺痛，并从而铸成了一颗坚强的心。"

1925年夏天，胡也频像一只漂流的小船停靠在风和日丽的小港。古老的常德城内，美丽的沅江河畔，都留下他们两人的匆匆步履。他充满了幸福的感觉：暑气溽热却混杂着朦胧的甜意，蝉鸣不停却预示着两颗逐渐贴近的内心。他无所要求，心满意足，像占有了整个世界一样平静快乐。胡也频通过千里追爱的执着感染了丁玲和她的母亲。尽管丁玲"对这场恋爱毫无准备"，还是被胡也频那"南方人的热情，如南方的日头"，那种"不旁顾"、敢想象的"勇敢"打动了，但丁玲不愿用结婚来羁绊一生，她想要自由。她和胡也频本来打算开启了一段柏拉图式的恋爱，本以为彼此没有义务，可以完全自由，慢慢不知不觉深陷恋爱之中而不自知，乃至愿意托付终身。

相濡以沫

1925 年秋，胡也频和丁玲住在北京香山碧云寺下一个村子里，本想安安静静地过日子，好好看书、写作。闲暇之时，他们爬到香山上欣赏红叶将层林尽染，密密匝匝的太阳光透过一抹抹红枫叶，投射在地上形成稀疏的光斑，胡也频和丁玲手牵着手在山上享受着这自由散漫的时光。物质的贫困，没有淹没胡也频浪漫的幻想；萧瑟而肃杀的秋冬之日，使他更坚韧对生活的执着追求。胡也频希望在生活相对安静的情况下好好构思一部作品，不用迎合编辑的口味，按照自己的喜好自由地创作。

后来，胡也频辗转听说沈从文也在香山图书馆某处居住。这个消息令他们两人既惊讶又欣喜，惊讶于分别后还能再相遇，欣喜于一见如故的旧友可以抵足畅谈了。于是在中秋节那天下午，

北京香山碧云寺俯拍图

胡也频兴冲冲地来到沈从文的住处，结果却扑了个空。原来沈从文在香山养成了晚饭前，爬后山坐看香山烟云和袅袅炊烟的习惯。无奈之下，他在沈从文的桌子上留下一个字条：

> 休：你愿意在今天见见两个朋友时，就到碧云寺下边大街××号来找我们。我们是你熟习的人。

在山上，沈从文正觉得孤立无助，需要朋友来聊聊天，因此见到那个字条时，心中十分高兴，就即刻照到那字条所记的门牌号找去，预备看看这"两个熟人"。令他惊喜不已的是，先是在院中枣树旁见到胡也频。胡也频开心地笑着，一边捏了沈从文的手往里面走，到了窗下他就说："有客来了，你猜是谁？"

里边的丁玲也似乎在猜着，进去的沈从文也猜着。沈从文在《记胡也频》中写道："到后我就在一个门边，见到那个黑黑的圆脸，仍然同半年前在北京城所见到的一样，睁着眼睛望人。这人眼睛虽大，却有新妇模样腼腆的光辉。我望到是那么两个人，又望到只是一个床，心里想：这倒是新鲜事情，就笑着坐到房中那唯一的一张藤椅上了。那时房中还有一个煤油炉子，煨得有什么东西，我猜想当我还没有来到这房子时节，这似乎主妇的人，一定还蹲在地下，照料到那炉子上小锅内的东西。"

沈从文激动地说："这是新鲜事情！"

胡也频略带脸红，就说："不是新鲜事情。"

因为过去的事仿佛在眼前，想起过去，他们三人就笑了好一会。

这一天是中秋，这个中秋的黄昏，他们三人就消磨到香山静宜园里俗名为"见心斋"的小池中。三人坐在一只无桨无舵的方头船上，用手划着水，沿池飘浮着，互说这半年来的一切天时人事，耳中听到学校方面，一群孤儿为了点缀这佳节，萧鼓竞奏的

声音，头上是濛濛糊糊的一饼圆月。为了虚应节日，下山时，各人就买了一片糖含在口里，也算不辜负了这个中秋。

　　胡也频住的地方每月应缴9块钱房租，并不很大，但土地却十分干爽，不像之前住的潮湿发霉的公寓。这房子有井，屋前屋后全是枣树。胡也频和丁玲两个年轻人像"过家家"玩游戏式地负责起自己的衣食起居。沈从文在《记胡也频》中写道："饮食由他们两人自己处置，所以买小菜，买油买盐，皆两人自己上街。（丁玲）蹲到廊下用一把鬼头刀劈柴，两手当撮箕捧了煤球向炉子里放下……胡也频则为一点儿醋同一点儿辣椒，也常常忙匆匆的跑到街口去。到把饭吃过后，一切完事了，还争着到井边去提水，洗碗洗锅子，毫不显得疲倦，这新鲜生活，使两人似乎都十分兴奋。两人皆不觉得还有什么别的更重要的事，比日常生活还有价值。那时两人皆并不写什么文章，又不曾作别的事情，经济的来源，好像全从湖南方面寄来。至于读书，不过是把这生活装点得更合于那个时节年青人想象的生活而已，他们占有凡是青年配偶都可以占有的那个世界，他们都时时刻刻在惊讶那种希奇的友谊，那种随了每一个日子而来的和洽无逆的友谊，读书并不是必需的事……在他们自己，却当真似乎是还在一种崭新的趣味里游泳，不需要想到生活以外任何事务。"

胡也频、丁玲与沈从文三位旧友，因为住得近，谈得来，有时晚饭也一起吃。他们三人如同大仲马笔下的三个火枪手一般，经常聚在一起，讨论文章和出版的事宜。甚至说着"大话"：以为如果每一个人每月可以写出 3 万字文章，得到 30 块钱，那这日子即或是冬天，没有炉子，心中一定也觉得很温暖了。于是他们就假设这个数目已经从报馆攫到了，打算如何去花费这个钱。他们又假设出了些什么事，假设自己有了一个小小周刊，每星期出版一次，各人如何为这个周刊忙着不息。同时为了门前应当挂

一块什么式样的牌子，当时也计划了许久，争持了许久。

除了沈从文，胡也频住在山上没有几个朋友，因为丁玲对他的朋友们要求太高，常在他面前吐露偏激，因此他们来往逐渐少了。可是胡也频从来也没有说朋友们一句坏话或讽刺话。胡也频总是以最大的热忱来帮助或招待朋友。正如丁玲在《胡也频》一文中写的那样："有一次来了一个法政学院的胡也频过去在大沽口海军学校的同学。这个人穿着华丝葛面子的皮袍，里边是一付雪白的几道弯的羊皮统子，是一个阔少爷。他冒着北风光临我们的茅庐，实在是该蓬荜生辉。可是我们无法招待，因为只剩一元钱，准备第二天进城找曹孟君、左恭或是别的人借钱用的。但也频却欢天喜地、很慷慨地把这一元钱全部为他的朋友准备了一顿丰盛的晚餐。客人舒服的睡了一夜，早起还吃了莲子粥（是他点名要吃的），然后高高兴兴地坐车走了。我们在他走后，踽踽步行进城。也频兴致冲冲，好像走这四十里路是应该的，是十分快乐的事。"

临近过年时，胡也频对丁玲说："多少年没有穿过新棉衣了，在这寒冷的北方，如果有一件新棉衣该是多么暖和啊！"他们计算了一下手里的钱，买了两段布两斤棉花。由丁玲自己动手，给胡也频缝了一件棉袍，他内心涌起一阵感动。漂泊在外多年，好久没有穿上家人缝制的衣服了，他甚至像小孩子期盼着过年的新衣服一样，满心欢喜地看着丁玲缝制。可是，棉袍缝好后胡也频一穿，小了，穿是可以勉强穿，只是有点像女人的旗袍。怎么办呢？再另缝一件，是不可能了。丁玲的懊丧不用说了。可是，胡也频想出主意来了，把这件新的送到当铺当了，换几个钱买点新棉花，塞到他身上穿着的、一件刚从当铺里取出来的旧夹袍中就可以了，还算一件新棉衣。至于夹袍，到了明年春天再说吧。于是他们便只得又花车钱进城，把缝制的棉袍当掉，原本花 7 元钱制的新布新棉花一共当了 4 元钱，买了 1 元钱棉花，再花车钱回到城外碧云寺，仍由丁玲拆洗缝补。他很满意地穿上了，还说只要棉花是新的，就很暖和了。胡也频感恩于丁玲的体贴，一件棉袍却能同时温暖着两个年轻人的心。

由于胡也频和丁玲是依靠丁玲的母亲那微薄的薪水过活，有时因汇票关系，母亲不能按时寄钱来，所以他们两个人的生活不久也就显得十分狼狈了。房东看见胡也频和丁玲在很冷的时候，整天在外面晒太阳，只到晚上才生一次火炉，又看见他们天天吃菠菜面条，便心生怜悯，主动告诉他们，房租可以先欠着。就这样胡也频和丁玲靠着家人、朋友的救济以及房东的好心挨过了这漫长的寒冬。

当铺常客

胡也频半生漂泊流浪，常常处于生活拮据的状态，一方面是因为写作投稿、卖文为生，生活不稳定；另一方面是因为胡也频为人豪爽、花钱不拘小节，不会精打细算过日子，常常入不敷出。因此，他总是出入当铺，还成为当铺的常客。无论是胡也频最亲密的朋友沈从文，还是胡也频最浪漫的爱人丁玲都对他经常出入当铺有描述。

沈从文在《记胡也频》中写道："胡也频、丁玲两人有时把最后一撮米用完时，就散步一样，从香山向北京城里走去，找寻朋友为他们设法。从下山的方便——他们都以为很方便的——夹了些不合时季的旧衣，走到西直门内一个当铺的高高柜台下站一会儿，为争持三毛五毛又负气走进第二家柜台下去站，也是胡也频当时所熟练的事。"

丁玲在《胡也频》一文中也有回忆："胡也频的确喜欢进当铺，说他喜欢，或许是委屈了他。他没有钱，但花钱却很大方。把我母亲替我缝的一件绸棉袍也拿去当了。我母亲再三对我说过，'从你父亲死后，几乎没有给你做件好衣服，就这一件，也很不容易，你爱惜着穿吧。'但我只穿了几次就送进了当铺。我母亲的一个好朋友，特别买了两套银质的餐具送给我，也频高兴的接受了。他不是为了摆设，也不是为了享受，而是因为它值钱，是当铺老板欢喜的物件。果然没有过几天，它们就存放在当铺里了。一个穷人是很少能从当铺里赎回衣物的。过半年（半年就死当）不取，就完全归当铺老板了。"不过平时只要有了稿费，胡也频总是舍得为丁玲买最好的衣料、果品、稿纸和笔的。

别的文学青年或许腼腆，或许为了文人清高，不屑于进出当铺，不屑于与当铺掌柜讨价还价；率直坦荡的胡也频顾不得这些，并把去当铺受到折辱的一番经历写在一篇名为《北风里》的小说里。

从那很厚的蓝大布棉门帘旁边，挤出一个人来，是粗壮，奸滑，一脸麻子，只瞧这模样，确凿的，便认出是这店的掌柜了。

他用淡淡的眼光看我。

我想向他说明我们的买卖，但是想，而眼睛又做出像别选什么旧货一般，笨拙的，向杂乱的货物去不住的巡视。我不禁的就犹豫起来，心慢慢地起了波动了，不敢把脸转过去，好像在我背后的是一个魔鬼，我觉得对着这些不类的东西，我也成为其中的一件货物了。

我非常纳闷，一个人和当铺成了相熟，已很久了，常常是爽然的把包袱向柜台上一推，坦然的说："要三块！"或是"你瞧得了。"

倘若那当铺的先生无所用意的来打招呼，说，"你来呀……"我也会很自然的点一下头。并且，因此，我曾想，只要把进当铺去的这付厚脸皮，拿去和社会上一切人交际，必定是非常老练，而这样，踏进官场和窑子中去，是容易而且不会受窘受苦的。

为什么一到了这杂货店，脸皮又嫩了，惶惶若有所失，竟不敢干干脆脆的把像框从臂下拿出来呢？这奇怪。"你要什么？"突然这声音在我的脑后响了。

这问话真给我更大的束拘！我全然苦闷了。我想说出一句答话，但这话又给许多莫明的力牵制着，只在我的喉咙里旋转。

"看看。"这声音响出来，虽说是很勉强，很涩瑟的，我心上却仿佛减去了什么，轻松的好多了。

在我的脑里便冲突着两种思想：回去呢，还是卖？

"要什么？"那掌柜又问。

我的心便颤颤地跳着，沉重的转过身，想做出老成样子，却觉得一团火气已滚到脸上了。

"这，"我从臂下拿出那像框，用力的说，而声音，反变成喑哑了。"这卖——卖给你。"但这样，我已经得到说不出的无限大的轻松。

……

"要卖多少钱？"

"三块！"说出这话来，我仿佛是在当铺里了，胆子便无端的大了起来。

"什么，"那掌柜又惊诧的说，"要三块？这差远了。"便冷冷的把像框递过来。

接过这像框，对于诗人的抱歉的心情似乎轻减了一些，但忽然又感到空虚了，好像一个人走出这杂货店，就无着落似的。

我终于忍耐的问他："你说，到底给多少钱？"

"差太远了，三块！"

"你说一个价好了。"

"差太远。"

"你知道，管是这木框，也得两块钱。"

"那不能这样说。买来自然是贵的，卖出就不值价了，普通是这样的。假使那像片是个窑子，那还可以多卖些。"

听到又说"窑子"，我愤然。无端的把羞辱加到已死的诗人上面，这未免太歉仄，而且是太可伤心的事了。本来在市侩面前，说出诗人这名称来，已是自取其辱了，何况还当这被视为小偷之类的时候，然而我还得忍耐，我不能就这样气愤而走开，因为别处有无收买旧家伙的杂货店，是很难说；纵是有，我也不知道。于是我又开口了，却是说：

"这像片不卖，只卖像框，你说给多少钱？"

"那咱们不要。"他懒懒地说。

"真可恶！"我想，"这种东西会如此倨傲，简直是梦想不到的。"便挟上了像框，走出这杂货店。

就像丁玲所言胡也频是一个真实的人。在胡也频的小说《北风里》，这个热爱文艺、挣扎在生活贫困线边缘的青年，为每日每时的衣食所累的穷文人，是他本人的真实写照。他就是这样的真实、坦诚、不虚伪，为丁玲擎起一片快乐而又天真烂漫的天空，他们两个像孩童似地探索生活的未知，不断憧憬和追求更有理想的生活，用一支支笔不断书写他们的文学梦想。

1926年6月，胡也频和丁玲在北京的合影

诗歌成果

香山那段田园牧歌式的生活，由于没有经济来源作为支撑，也就短暂地结束了。"两个胆小的人若在一处站立，黑夜里就不至于怕鬼。"可以说，"两个穷困的人互相帮扶，再穷困潦倒的日子也不觉得苦，也不觉得难堪"。胡也频和丁玲想着白日做梦发一笔财是不可能的，那就挑选一家可以多欠一点账的公寓住下，再想办法赚钱。正如鲁迅在《伤逝》中所言，人必生活着，爱才有所附丽；梦是好的，否则，钱是要紧的。1926年春，胡也频和丁玲两人就在沈从文的建议下搬到北京城里北河沿一个公寓里住下了。嫩嫩的黄叶悄然附着在北河沿的柳树上，河里的水渐渐由鸭群来游玩，胡也频和丁玲满心满眼地看着这红墙绿瓦的古城，满是喜欢。而且这家公寓的掌柜颇通文学掌故，收留了一批郁郁不得志的文学青年。胡也频也和这家公寓颇有缘，就暂时安顿在这里。

胡也频和丁玲住到公寓里不用再像在山上那样劈柴做饭，因而有了大把空闲的时间。沈从文下山来，他们三个便天南海北地讨论，常常做那不切实际的梦。比如，他们三个总是想筹钱办一个杂志。为什么总惦记着搞杂志呢？原来胡也频和沈从文那时的文章，如果能向什么地方寄去，在一种极低价的情形中被长期地卖掉，就不会想做出版办杂志了。但实际情况却是，胡也频他们找不出一个固定发表作品的期刊，即使是能够登载他们文章的刊物，编辑也是对他们的稿件挑三拣四。更别提，不相熟悉的编辑，往往他们的作品一经寄出，就石沉大海，有时退稿通知也是没有的。

　　胡也频在《写在〈诗稿〉前面》里也曾提到类似的窘境："我只是一个完全的投稿者和卖稿者……正因为是如此的一个人，孤独的，在重量的生活压迫之下，写我所要写的东西，既没有结社来标榜，又无名人做靠山，不消说，结果是只得把稿子到处去碰钉。这碰钉的事，是难堪的，但我得忍耐，而且还要不断的忍耐着，虽说有时也生气，愤然下了决心，但终因要活，每每在绝

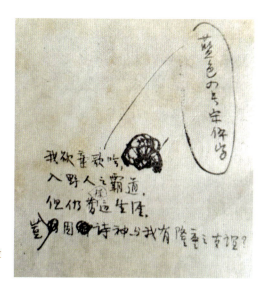

胡也频诗集《磨炼》手稿的最后一页

粮的时候,无法可想,又只好把稿子寄给编辑先生去判决命运。
说是要,过了许多时候赐一点薄到刻苦的稿费,这在一个单身的
而又是无名的投稿者自然是恩惠;不要呢,懒洋洋地把原稿退回
来,(上帝在上,这是实在的,必须经过了两三封去询问消息的信
以后才退还!)有时还夹上一半歉仄一半苦衷的理由书,使我不得
不承认编辑先生还客气,却也只好再忍耐着寄到另一处去换钱。"

　　每一位作家写的每一份作品,都会当作是自己智慧的结晶,
都会比别人更珍视,像对待自己的孩子那样珍惜。就像胡也频自

己形容自己的作品那样："与其说我是在写我所觉着的属于文艺方面的东西，毋宁说我是在穷困着，在忍气，在痛心，在悄悄的磨灭我的生命的每一部，是更为切实的。"但现实是"这悄悄的磨灭我的生命的每一部"往往会失掉或者不用。由于当时他们实在没有重抄一份的气力，因此差不多有三分之一或更多的初期作品，是不能追究它的去处的。为了自己的作品不被散佚，他们想如果能有一个自己的刊物，将作品集结就好了，好把自己的作品带到更多的惺惺相惜的读者面前。这一梦想在胡也频、丁玲和沈从文三个心中悄然种下，直到1928年在上海才生根发芽，后又因各种原因而枯萎凋零。

这一时期，胡也频没有耽于出版期刊的梦想，反而在诗歌创作上迎来了一些硕果。在沈从文看来，胡也频"因为南方人的热情，有一种偏私的固执支配到生活。这性格虽屈服到女人那一面，变成为勇敢和柔顺，结果是做出了很多美丽的小诗"。胡也频写了很多歌颂爱情的诗歌，这跟与丁玲琴瑟和鸣的幸福生活息息相关。从1926年10月写的名为《温柔》的小诗，就能看出端倪。

坐在荷花池畔的草地上，
将清脆的歌声流荡到花香里，
并诱惑我安静的心儿，

像缥缈的白云引着月亮。

你倦了，以明媚的眼光睨我，

又斜过你含笑的脸儿，

如春阳里雪捏的美人，

软软的须要持撑。

我偷望远处的飘忽袖影，

灿烂在树上的艳冶阳光，……

你的发儿已散漫到我的胸前了，

并语我：那鸭群戏水是无意思。

哦！当你单独的走过绿荫，

那流泉岩畔的芷草，路旁的玫瑰，

与藕香亭下的百合，都羞怯了，

我不能唱着歌儿描你的美丽。

　　1926年秋天，胡也频写了很多爱情题材的诗歌寄给沈从文看。沈从文因在《现代评论》做发报的人，便将诗作转到《晨报副刊》或《现代评论》去发表。沈从文评价这些诗作说道："这些诗，就是我所谓一个热情男性不自私的诗，差不多每一首都是在用全人格奉献给女子的谦卑心情写成的情诗。这诗的形式，无疑的从李金发诗一种体裁得到暗示或启发，一种在文字性格

胡也频诗歌《愿望》手稿

方面为畸形构图，以另外属于'未来'的一格，而在试验中存在的。"

  北京的干净空气与明朗天空，都不能留住胡也频和丁玲。丁玲怀念远方的母亲，因此与胡也频一同离开北京去了湖南。胡也频他们风尘仆仆来到湖南，疲劳困乏地休憩在湖南的一所浓郁碧翠的庭院之中。丁玲回到家乡觉得十分惬意，胡也频也许是不习惯处于家里比较安逸的环境中，在平波一样的时间里，总是想念着北海的明月，中央公园的老榆树，香山的古松、泉水……骨子里流动着漂泊血液，注定为了理想奔波的胡也频于1926年秋，又来到了北京。这次出行，是胡也频和丁玲商量好的：丁玲在湖南家乡陪伴母亲，胡也频出外边来做点事。因为是提前计划好的，这一路奔波也没有那么劳累和风尘仆仆。1926年12月，胡也频在天津的海船上写下了《海船上》：

> 无数黑毛的粗腿／带来了初干的泞泥／弃掉于舢板之上／给往往来来的旅客去踯躅／满着胡须的黑脸／不绝地在阳光里摆动／并在其黄牙齿的唇边／哼着歌儿，应和别种之扰乱／我痴立在这活尸之围／凝望无涯之天际／深盼着海风奔来／扫尽去奇奥之人气／但只有妇人与孩子的呻吟／老头子的咳嗽／（如夏天之暴阳，）／充塞这庞大的空间之清静。

沈从文高度评价胡也频作的这篇新诗："这个文章最先写到船上的气味同声音颜色，很使我感动。同时因为一个男子从一个女子方面所得到的一切，眼睛、鼻子、两条臂膊、一张口或别的什么，都使年青人惊讶出神。尤其是在骤然的分离上，短期里即可成为习惯的各样嗜好，折磨到心灵同身体，因此还继续写了许多新诗，我认为是最动人的新诗。"胡也频的诗，以一种离奇的风格创作，在形式同感情两方面，都与当时的所谓新诗不同，在当时的北方读者看来，造成了一种新奇的趣味。

"好像离开了丁玲，成天单是写诗，这热情还是在虚无中发热发酵。"胡也频不能抑止想念丁玲，因此他不久又借了些钱回转湖南。这时节远在湖南的丁玲，却也因为不能忍受这分离的考

1927年胡也频、丁玲在北京的合影

验，赶忙向北京出发。据说他们的船正互相在洞庭湖中错过，所以两个人到了目的地后，才明白这分离的日子，还应当需要一个人在船上颠簸一个礼拜，才能把它结束。

12月下旬，胡也频重新赶回北京时，两人都明白分离意味着在折磨中过日子，就再也不说分开的计划，仍然一同找到沙滩附近的银闸公寓住下了。当时，在环绕北大的沙滩、北河沿一带，分布着大大小小许多公寓，为许多飘荡的文学青年提供了栖身之所，一个特定文化空间也由此形成。根据沈从文《记胡也频》回

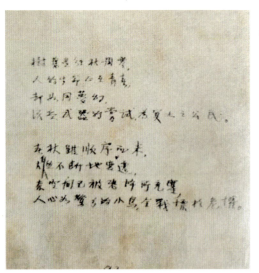

忆："因为那时仍然还得住一个公寓，两个人又对于劈柴淘米一
类事无多兴味，故住处总傍到吃饭方便的北京大学附近。"

在北方，胡也频、丁玲为了希望得到一个较干爽不太吵闹的
住处，他们在没有什么正经事可做时，总是东城西城各处去看房
子，见到一个什么广告，或在街上见到一个字条，说到什么房子
空着，总常常走到那些地方去参观。他们差不多把沙滩一带所有
的公寓都熟悉了，还一同进过不知多少人家的大门，结果仍是没
有看好一个地方搬去，因为在许多好房子主人中，他们还没有遇
到一个比公寓中掌柜还能容他们长期欠付租金和伙食的主人。同
时他们当时若搬到什么人家去，床同桌椅是没有的。

胡也频、丁玲曾经居住过的银闸胡同今貌，该胡同位于故宫东侧，呈南北走向，北起五四大街，南止北河沿大街

关于起居方面，一年多的日子，胡也频、丁玲搬了好几个地方，住过一阵银闸，住过一阵孟家大院，到后来便住到汉园公寓了。在银闸一个公寓里，胡也频、丁玲和沈从文是住过同一公寓的，在景山东街一个住宅里，他们也住在同一公寓里，后来在汉园公寓，他们三人仍然同住在那个公寓的楼上。

正是在这些简陋的学生公寓里，一方面，胡也频、沈从文、于赓虞、焦菊隐等人，得以互相通气、密切来往，形成 20 年代北京文学青年的一个中心。另一方面，胡也频与沈从文、于赓虞、徐霞村、焦菊隐等有点名气的青年作家着手成立一个文学社团，办个刊物。沈从文在《记丁玲》中写道："北方新起出版业的兴旺情形，皆觉得有尽力把自己加入这事业的必要，恰恰是大家友谊又好了，于是便有人提议如何办个刊物，成立个社，这社从'未名社'的命名得到暗示，便取名'无须社'。""无须社"这个社名，也是对文坛的山头主义、宗派主义、种种恶习的嘲弄与挑战。他们对加入者"无须"苛求，对建社也"无须"搞什么章程，只要写出作品来即可。1926 年 10 月 15 日，一份《文学》周刊出现在《世界日报》①上，无须社以此正式出道，胡也频和沈从文在该周刊上积极投稿，发表自己的文章。但是，于赓虞他们主办的《文学》周刊（《世界日报》副刊）才出 6 期就停了，陷入僵死状态。幸而 1927 年 4 月 1 日，许跻青接手编辑《文学》周刊，一直维持了 20 多期。此外，"无须社"成员还在北新书局推出了一套"无须社丛书"，1927 年春，胡也频曾亲自手抄该套丛书书目，该书目包含胡也频的两本诗集《宝剑的锈》和《落花梦》，一本小说集《霉雨》。可惜的是无须社太过松散或是主编换

---

① 《世界日报》的副刊很多，设立了文学、科学、儿童、医学等一系列周刊，比较著名文学副刊就有张恨水主持的《明珠》等。

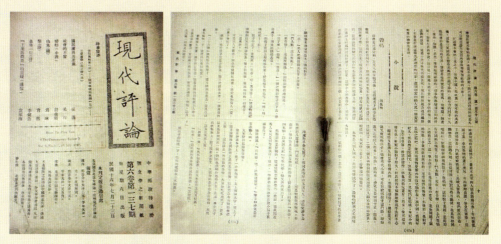

1927 年 7 月《现代评论》周刊第 6 卷第 137 期封面及刊载胡也频的小说《碧舫》的内页正文

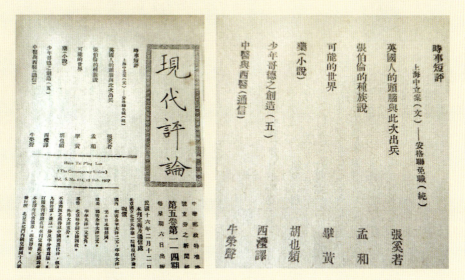

1927 年 2 月《现代评论》周刊第 5 卷第 114 期封面刊载胡也频的小说《药》

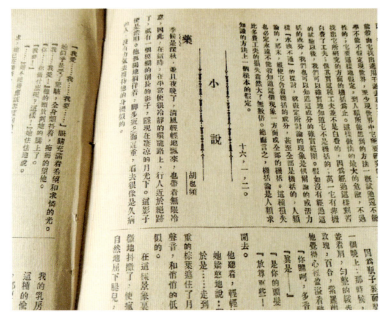

1927 年 2 月《现代评论》周刊第 5 卷第 114 期刊载胡也频的小说《药》的内页正文

得频繁，该套丛书只出了 3 种就搁置了，胡也频的上述作品当时未能出版，可能在胡也频看来也是一种遗憾。

1926 年到 1927 年，因为不断地努力写作，胡也频在《晨报副刊》《现代评论》等相继发表了 70 余首诗歌，相继发表《械斗》《药》《圣徒》《碧舫》等小说，迎来创作上的春天。胡也频的文章每月大致可以得到 25 块钱的稿费，可日子还是过得相当狼狈可笑。到了年底天气寒冷，有地板的楼上房间里，虽然安置有烧煤炉子，却不大容易能赊到煤块。赊煤不成就得买，至少要买25斤吧，倘若100斤是9毛钱，也得2毛又10枚，而这数目胡也频实在无法凑足，而且生火还得要劈柴呢。常常被两三毛钱所困住，这真可恼。但这穷，虽说可恼，却因为是常事，胡也频、丁玲他们随着也就爽然了。

有客人来时用旧书、旧报作为取暖的燃料，竟是他们做得十分熟习的一件事。没有客，外面寒气又十分逼人，他们就坐在床上看书。此时，丁玲在胡也频的影响下，也拿起笔构思文学作品。一到月底，胡也频他们会露出"对于应付房租时的受窘以及敷衍推辞的神情"，因为实在无法敷衍了，胡也频和丁玲便借故

1927年4月《现代评论》周刊第5卷第123期刊载胡也频的小说《圣徒》及内页小说正文

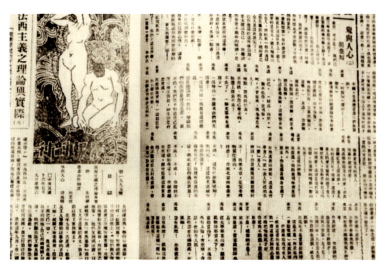

胡也频发表的戏剧作品《鬼与人心》之二

出门，到河沿雪上去散步，河里的浅水已冻成坚实的冰，河边的柳树脱去了余留的残叶，剩着赤裸的灰色的枝，像无数鞭条，受风的指挥向空中乱打。胡也频会讲笑话，逗丁玲开心，让她忘记躲债的忧愁，直到深夜他俩才敢悄悄回家。

文艺转向

HU YEPIN

转到上海

1928 年 2 月，胡也频和丁玲都带着一种朦胧的希望到上海去了。开始的时候，他们住在法租界善钟路一户人家里，为了维持生活，他们两人把更多的精力和希望都放在写文章上。后来，胡也频和丁玲从《小说月报》拿到了一点稿费，就到杭州西湖去了。这期间，他们两个出现了"感情的散步"——丁玲发现自己喜欢上了冯雪峰，而且深深沉沦于对冯雪峰的爱慕，不能自拔。这就让热情纯真的胡也频心生妒忌，并且让两人之间的关系产生裂痕。

冯雪峰年轻时期

胡也频、丁玲去杭州西湖后约一个礼拜，一天晚上，胡也频忽然义愤填膺地跑到沈从文的住处诉说自己的委屈和压抑的情感。他们两人彻夜长谈，沈从文鼓励胡也频回去勇敢面对，而不是做一个情感受挫的逃兵。等到三个月后，胡也频再度回到上海，全然没有之前颓废消极的情绪，却像刚去度了蜜月的新郎，十分从容有趣。

　　其间，胡也频和丁玲在西湖附近的岳飞墓看到一个十一二岁的小男孩，长得很俊秀。胡也频就同她谈到他的小弟弟（胡孝

1928 年春，胡也频、丁玲在杭州小住时的合影

　　　　　　　　　　　　　　胡也频画传

绳），想把这个弟弟带在身边，胡也频和丁玲商量把生活更紧缩一些，负担幼弟的生活和教育。丁玲也是失去过弟弟的人，自然赞同。胡也频便写信回家了。不久，胡也频的四弟胡也均突然来到他们杭州的住处。原来胡也频的母亲已经带着她的两个小儿子到了上海。丁玲在《胡也频》一文中回忆："她们对也频抱着太大的希望，她们说也频在大地方出了书（是出版了一册薄薄的剧本），每月收入两百元钱，她们不再回老家了，要跟着当老太太和小少爷了……我们不得不放弃在杭州写作的计划，要马上赶回

1929 年，丁玲、胡也频与友人之妹摄于上海

上海，安顿他母亲和弟弟。从传统的家庭关系来说，也频在家是长子，应该赡养他的母亲和弟弟们。可是当时两个穷作家，自己每月最低的生活费都不能经常稳定的时候，怎么能承担这突如其来的重负？幸好，《阿毛姑娘》六七十元的稿费刚刚寄到，我们便连夜退了租房，赶回上海。他母亲看到我们经济上实在拮据，又舍不得小儿子同我们一道过飘零的苦日子，便要也频每月寄她三十元，后来商量减到二十元，她便带儿子回老家……每月二十元的诺言，三个月以后，也无法继续，就停止了。胡也频从此也就不敢再发善心赡养他的小弟弟了。"

1928年5月，胡也频、丁玲为了安置家人，不能再到西湖住下时，便租住在上海法租界永裕里的一个每月8元的亭子间里。胡也频因为赡养弟弟，压力陡增，越发显得瘦，面颊有些黄，头发向后梳着、露着大额头。他押着一些简单行李同两张藤椅子，到了看定的那间房子。当把由附近家具铺子里租来的一些木器陈列妥当时，房东就瞥见胡也频和丁玲坐下"写信"。到应当吃饭时节，他们就动手把炉子米箱从网篮里取出来，很熟练地处置这些东西。饭吃完了，于是又坐在桌边再写那些永远写不完的"信"。好奇的房东刚想询问他们写什么信，写这么长时间，看他们两个仍低头写着，连头也不曾抬，便讪讪地走了。

胡也频、丁玲不出门就写文章，应当吃饭时就仍然依照初次

胡也频和丁玲结婚时，丁
玲母亲送的茶具

到北京香山时的办法，上街买小菜，或者在阳台上燃汽油炉子，
从三层楼下用镔铁壶提提水，因为自己煮成的饭较软，自己炒就
的菜较合口。沈从文饥肠辘辘的时候，就去他们那里吃饭，为他
们洗碗。胡也频跟沈从文诉说这段在西湖边安静舒适的生活：白
天他和丁玲跟杭州美术学院的朋友谈艺术、看风景；晚上，静谧
的夜，飘着淡淡的花香，他们埋头写作，《在黑暗中》的两篇文
章和小说《海岸边》就是在那里写成的。

　　在生活方面，从前胡也频、丁玲是两个孩子，到后来，永远
还是两个孩子。虽然他们在文学上的事业得到初步成功，在精打
细算的生活上，永远还得失败。沈从文在《记胡也频》中不无打
趣地写道："他们还是最拙于应付房租，不知道应如何打算就可
以不至于缺少伙食。他们还是很穷的人，不能使所得的钱安置两

人到一个稍稍像样的生活里去。虽然勤勤恳恳，稿费终究有限，加之用不得当，所以还是免不了长是受窘。今天的起居费用，都依赖到昨天的工作所得，创作既不是抄书，设若某一时节，因为倦于作事，不得不放下了这支笔，或在别的原因上，稿费延搁了一时，这生活，就又乱糟糟的不成样子了。这海军学生为了渡过那个不易应付的日常生活难关，马浪路，康悌路，贝勒路，这一些地方的小押当门前，总常常有他的踪迹。我一望到那走动时略显匆忙的后身影子，不必同他说话，就可知道他为了些什么事行动那样匆忙。这海军学生，自己处置金钱既永远不如处置文字那么方便从容，打算生活又永远不及造作故事那么周密，至于丁玲，则早把一个妇人所必须的家务趣味完全疏忽了……一种有秩序的生活，似乎在有意识的情形中，长远逃避到他们。当时两人极羡慕到别的人，以为能在一个较整洁干净的房子里，吃一顿清洁的家常便饭，便是一种难得的幸运。从这些情形中，可知道他们的生活，想及时真十分可笑。"

胡也频生活上的狼狈，还和上海的报刊出版环境与北京差异较大，需要胡也频去适应有关。虽然胡也频在北京期间已经发表了不少作品，但是上海的出版环境更为商业化且偏向于恋爱方面的作品，以写作为生的胡也频不得不去积极地适应新环境，在面临创作瓶颈时，他最终没有选择停笔，而是试图迎合文学市场进行创作，继续过着"坐牢"一般的创作生活，等待报刊编辑的垂青和书店老板施舍微薄的稿费度日。

出版红黑

为了改善居住环境，胡也频、丁玲有时到处看房子，同房东讨价还价，甚至还冒险放下一点定钱，临出门时总说，"定下了，定下了，不久一定搬来！"一回家，他们把收入一打算，便明白那个定钱又等于白送了。因为这类原因，他们也搬了几次家，总不出法租界的贝勒路附近，然而就从没有得到一个合适的住处。

在当时上海的出版环境下，新书业形成一种使人极不愉快的刻薄报酬形态，胡也频他们供给了书店少些稿件，编辑便送给了他们一点点钱。因此，胡也频在1928年这一年中差不多用全力写了许多文章。7月，恰巧上海的《中央日报》总编辑彭学沛，是以前《现代评论》的熟人，副刊《红与黑》需要一个人办理，胡也频就负责编辑副刊。后来沈从文、丁玲也参与编辑任务。每晚胡也频、丁玲两人或加上沈从文三人到望平街那个摇摇欲坠的楼上，去送编好的稿件，同看那最后的清样稿。胡也频编了两三个月的《红与黑》副刊，每月大致可以拿七八十元的编辑费和稿费。以他们一向捉襟见肘的生活状况，这简直是难以想象的。不久，胡也频逐渐懂得要从政治上看问题、处理问题，便辞掉了这

1928 年胡也频、丁玲、丁玲母亲挚友（蒋毅仁）及丁玲母亲（蒋慕唐）的合影

份待遇优厚的工作。

　　1928 年底至 1929 年春，胡也频、丁玲倚文为生，卖稿不易，收支不平衡，更不稳定。而此时，丁玲母亲没有了收入，不能再接济他们了。于是胡也频、丁玲也想模仿当时上海的小出版社，自己搞出版工作。小本生意，只图维持生活，兼能出点好书。这时正好胡也频父亲来上海，答应设法帮他们转借 1000 元，每月三分利。丁玲认为办出版社，虽是好事，可是不赞成借钱举债。但胡也频不以为然，他满有把握。沈从文也支持他，也还有其他

朋友赞成。恰逢那时人间书店请他们编辑一个月刊。《人间》月刊产生了，通过那1000元作为周转资金，红黑出版社和《红黑》月刊都办起来了。他们三人拿借来的钱在萨坡赛路204号（现为淡水路268弄8号）租了一栋三层楼的一楼一底的房子。楼下做出版处，胡也频和丁玲，后来加上丁玲母亲住在二楼，沈从文和他妹妹岳萌住三楼，有一个时期沈从文母亲来了也住在三楼，沈从文的哥哥和弟弟也短时住过。

之所以把杂志和出版处都定名为"红黑"，胡也频1928年12月在《释名》中专门解释过："'红黑'两个字是可以象征光明与

1929年夏，沈从文大哥来上海接母亲回乡时摄。左起：沈从文、沈荃、母亲、沈岳萌、大哥沈云麓

黑暗，或激烈与悲哀，或血与铁，现代那勃兴的民族就利用这两种颜色去表现他们的思想——这红和黑，的确是恰恰适当于动摇时代之中的人性的活动，并且也正合宜于文艺上的标题，但我们不敢窃用，更不敢掠美，因为我们自信并没有这样的魄力。正因为我们不图自夸，不敢狂妄，所以我们取用红黑为本刊的名称，只是根据于湖南湘西的一句土话。例如'红黑要吃饭的！'这一句土话中的红黑，便是'横直'意思，'左右'意思，'无论怎样都得'意思。这意义，是再显明没有了。因为对于这句为人'红黑都得吃饭的'土话感到切身之感，我们便把这'红黑'作为本刊的名称。就是带着横竖也要搞下去，怎么样也要搞下去的意思。"

萨坡赛路204号这套小而幽静的住所，是这三人出版梦想起航的地方。他们办小小的出版社，主编杂志《红黑》月刊、《人间》月刊，出版"红黑丛书""第二百零四号丛书"，雄心勃勃要大干一场。1929年的春天，是三个人踌躇满志的春天。说是不自夸、不狂妄，可是"红黑"（横直）就这么办了，这硬气、这倔强，也是势不可挡。

胡也频、丁玲和沈从文，他们三人对待《红黑》月刊和红黑出版社，就像对待自己的刚出生的宝宝一样上心，辛辛苦苦地哺育她，呵护她。其中胡也频出力最多，从编辑到去印刷所跑路，差不多全是他打理。因为胡也频没有读书人的假斯文和假清高，他同

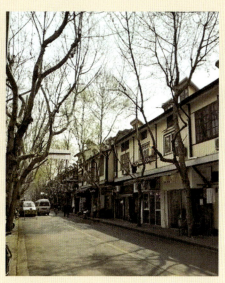

淡水路今景

《红黑》月刊第一期封面，该封面由杭
州美院教授刘阮溧先生设计

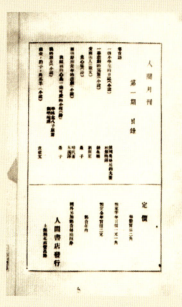

《人间》月刊第一期目录

1928 年胡也频在上海参与创办红黑出版社。图为红黑出版社旧址

工人谈印刷工作，和商人谈生意，他都无所谓，无所畏惧，要动手帮忙，他卷起袖子就干。他去送稿，去算账，去购买纸张和接洽书店，直到刊物印出。沈从文和丁玲则负责把刊物分派到各处，清理那些数目，或者付邮到外埠去，或者亲自送到四马路各书铺去。

胡也频他们为了办好这个刊物可以说是使尽了浑身解数，他们曾想把这《红黑》改为周刊，因为月刊在时间上隔得太长久，但终于又是月刊，则因为迫于印刷所和经济两方面的缘故。然而做这样薄薄一册的月刊，他们也够吃力了。且不说所有的费用是从他们最低限度的生活费上扣下来的，把生活压到极刻苦的程度；就是在精神方面，也很够他们疲劳的——他们做一切极麻烦极琐碎的事。

1929 年 1 月，为了更好地宣传发行这本刊物，胡也频在《红黑》月刊第一期的《编后附记》诚恳地写道："因为我们出这月刊，并没有别的背景，就是他们既不依靠于专心树立资本主义的书店，又不受惠于阔人的津贴，所以我们的定价实在无法太廉，我们不能作很大的赔本。所以为了《红黑》的寿命，更为了我们不会作商业式的推销之故，我们十分希望对我们热心和同情的读者，直接来订阅。"

也许是上天也被这群年轻人的诚心诚意所感动，《红黑》月刊第一期的刊物，本埠在一个礼拜内就将近卖去 1000 份，得到这个消息时他们欢喜兴奋得脸上发红。在各地方的朋友，都来信说他们这个刊物很好，有内容，文章有分量。北平方面有为他们帮忙的朋友，厦门方面也有为他们帮忙的朋友，武昌同广州，都有信来希望他们多寄一点。许多作者认为他们这刊物合乎一个理想刊物的标准。他们内心受到极大鼓舞，雄心勃勃地想以后每期应当印 5000 册，似乎才够分配。

为了这个刊物能和《人间》月刊同时进行，他们一面忙于应付杂事，也一面得很谨慎地写许多文章。忙碌而充实的编辑日子一天天的过去。胡也频他们以最大的热情和精力投入其中，在这个过程中，胡也频在文学批评和文艺理论方面越发成熟，他在《红黑》第二期《卷首题辞》写道：

如同凶猛的海水击着礁石，强硬地，坚实地生出回响的声音，这是人间苦的全人性活动的反映，也正是一切文艺产生的动力。

为一个可悲的命运，为一种不幸的生存，为一点渺小的愿望而奋力争斗，这是文艺的真意义。

负担着，而且深吻着苦味生活的人，才能够胜任这文艺的使命。

地球上没有黄金是铁色的；所以要经历一个黯淡人生，才充分地表现这人生的可悲事实。

《红黑》月刊第八期，最后一期

文艺的产生是因为缺陷的，并且为这缺陷的人类而存在着。

要创作，必须深入地知道人间苦，从这苦味生活中训练创作的力。

文艺的花是带血的。

然而，天有不测风云，出版事业也并非一帆风顺。《人间》月刊出到四期就停顿了，《红黑》月刊来了一个意料中的失败[①]，出到八期也不能不结束了。胡也频早知道在上海一切竞卖的情形下，这刊物不能赚什么钱。胡也频他们也知道外埠书业的积习，对于用一点点钱来办一个刊物，是一种纯粹冒险的举动。他们原先只希望可以办十二期，满足到一年的数目，希望多有一些定户，同远地的定户直接交易，在一种毫无实利的情形下，维持这个刊物稍久一点。但一切希望都同事实不合，从各样打算上都不能将这个刊物维持下去，当时最觉得生气的、最惋惜的就是胡也频。

虽然胡也频他们的出版事业出师不利，但是失之东隅收之桑榆。1929 年这一个年头，算是胡也频、丁玲他们最勤快工作的年

---

① 胡也频、丁玲、沈从文创办红黑出版社启动资金不足，仅千元，这对于办出版社来说是杯水车薪。胡也频他们最初也预料到资金不足带来的困难，后来他们出版的月刊相继出现了缺少商业推广、书店压货款、资金链断裂等问题，并导致出版事业的最终失败。其实这些办刊物的问题，胡也频在《红黑》杂志第一期的编后附记中也多有提及，因此称为意料中的失败。

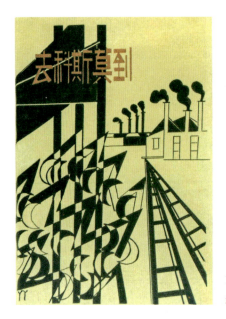

1930 年《到莫斯科去》单行本初版
封面

份，每个人都写了许多作品。胡也频的所有作品中，以艺术完美
同内容统一而论，也是这一年成绩最好。1929 年 4 月到 5 月，胡
也频创作并在《红黑》月刊连载了中篇小说《到莫斯科去》(《到
M 城去》)。小说着力塑造一位美丽、热爱文学的新时代女青年素
裳，从小过着资产阶级的生活，享受着安逸富足的生活，她的丈
夫徐大齐却是国民党蝇营狗苟的顽固派政治家，作为一个典型的
新时代女性，素裳厌倦了贵族的生活，她渴望投身革命工作去寻
找自己的价值。直到遇见了身为共产党人的洵白，她的人生开始
出现转折。素裳逐渐被洵白的气质所吸引，这也是恋人间电光火

石的一瞬间。同样，洵白也被素裳震撼住了，觉得她"情感热烈又细致，有惊人的聪明和给人刺激的美感，对于文学艺术有独到的见解，让人不得不产生敬意"。她对洵白的爱就是她对新生活渴望的一个体现，她和洵白之间的爱情无不穿插着革命的火花⋯⋯

　　从北海回来，到现在，已经九个钟头了，几乎这整个的时间，素裳都在沉思着那些情景，那些经过，那些使她兴奋而又沉迷的，简直像一个梦似的。这时，她又一个人躲到她的书房中了，斜躺在椅子上，又连续地想着在白塔的铁栏上，她向他表示，想着他猛然抱住她，想着不知多少时候她的脸颊都紧紧的贴在他的头发上。这回想是可爱的，动心的，如同把嘴唇吻着芳醇一样，使人感到醺醺地，一种醉意的。并且，这时的夜已很深了，一切都安安静静的，一点声音也没有，这空间，虽然还泻着月光，却显得熟睡的样子。没有什么响动来扰乱她。她好像在这大地上是独立的，自己是为着洵白而生存的。而洵白也只是为她才发现到这世界来的。所以她这时头脑更清醒了，她的心更热烈了，她的眼睛更发光了，因为她能够如画地，毫不遗失毫不模糊地想着那有意义的，等于使她复活的，那种种——声音的发颤，血的奔跃，灵魂的摇动，一直到把两个生命成为一种意义的说着"我爱你啊!"为了这一种回想,她便去翻开她的日记,那上面,娟娟的,有些又非常潦草的写着她在最近所发生的事故,所扰起的情感,所想象以及所希望的种种憧景[憬],这一切,都仿佛酒的刺激似的,使她慢慢的觉得迷惑了。于是那从前——那刚刚经过的各种心上的戏剧,又重演一次了,这是很甜蜜的。她几乎在这本子上整个的神往着,看了又看,随后还沉重地给了一个吻,留上了一个嘴唇模型的湿的痕迹。接着她便翻开到白页上,提起笔写道:

"今天是我的一生中的一个最大,也是唯一的转变时期,也就是,我把旧的一切完全弃掉了。我的新的一切就从此开始了。也应该算是我的最有意义的日子!然而这日子是洵白给我的,因为如果没有他,这日子不会有的,纵然有,也许还离我很远吧。我是极其需要脱离旧的,充满着酒肉气味的环境,而同时,我是热望着一个新的世界使我的生命不至于浪费的。现在我达到了这目的,一切都如愿了。我应当感谢谁呢?没有人承得起这感谢的——除了他——那个引导我走向光明去的人!从此,我的生活是有意义的,我的工作将成为不朽的工作,我的生存是一个有代价的生存了,至少我活着我并不辜负了我自己。我是肯定了的,如同一个伟大的文学家肯定了某一部书中的某人物的命运,我把我自己献给洵白和痛苦的同胞们了。在这时代中，这是应该努力的工作，除了资产阶级的人们张着眼睛做梦——做那享乐和闲暇的梦之外，一切人——不必是身受几重压迫的人，都应该踏着血路，也就是充满着牺牲者的路——来完成吃人社会的破坏。这才是人生有意义的努力！世界上，找不出另一种事情，能比这努力更为光荣的，虽然这光荣并没有一点骄傲。我现在——我马上就要向着这路上前进了，这目标，如果我终于不曾达到而就牺牲了，那也不是什么损失，因为我至少是向着这路上走去的。现在一切都好了——我自己和他处于同等地位的人，我们将要彼此接近起来，彼此握着手，彼此把热情，思想，信仰，毅力，互相勉励着，交汇着，走进社会最深的一面，在那里，我们将发现一种光明照耀着一切生命，这也就是对于全人类最伟大的创造。呵，我是肯定了的！并且，我再说一句什么人都应该努力于这一条路上的。"看了一遍她又接着写了：

"所以我今天是完全快活的，生来的第二个快活，自然这情感中免不了有爱情的成分。的确，我这时所有的只是我将要开始的工作和正在享受的爱情了，除了这两种以外我没有什么，我也不想有。我以后将从工作的辛苦中得到爱情的鼓励，我相信爱情可以使我更加有勇气。在工作中也许会把爱情暂时忘记的，但是疲倦和困难的时候一定会想到爱情，而且从爱情中又重新兴奋了。这是我的信念：爱情在我的工作里面！至少在我想念着洵白的时候，我是要加倍努力的。这就是一个证明：我看见洵白之后我的工作就等于开始了。我诚心地把这个经验敬献给青年朋友，如果你们在工作中还不曾有一个爱人。至于我这时所感得的种种快乐，我是没有法子向你们说出来的，譬喻我发现到托尔斯泰艺术时的心悦，譬喻我领略到莎士比亚悲剧时的感动，这也不够我的百分之一的形容呢。如果你们也像我这样的经过一次，那你们就会懂得我这时的种种了。"

接着她便用力的写道：

"祝我的新生活万岁！"

最后，在她的许多想象中，她急欲看见她自己穿着平民衣服，杂在工农民众的游行队伍中间，拿着旗子，喊着，歌唱着，和他们一起，向人生的光明前进！

这部小说是以"革命＋爱情"的模式撰写的，在那个新旧思想交替动荡的时代，洵白和素裳的儿女情长早已与国家命运紧紧联系在一起，正确的革命道路就像"从愁惨的、黯淡的深夜中，吐出了一线曙光，那灿烂的，使全地球辉煌照耀一切的太阳施展出来了"。可是正如书中叶平所说恋爱的结局总是悲剧的多，就像当时的中国

《到莫斯科去》剧照，图左为叶平、洵白拜访素裳，图右为素裳在菊展室巧遇叶平、洵白

革命，在艰难中砥砺前行，免不了牺牲与遗憾，但他们的信仰是正确的，是能够给全中国人民带来希望的。洵白的牺牲彻底阻断了素裳与资本主义的关系，带领她走向无产阶级的光荣革命道路。

革命转向

到上海后，胡也频的生活前景和写作前途都慢慢走上了一个新的方向，胡也频是一个喜欢实际行动的人，是一个坚定的人。他还不了解革命的时候，就关心劳动人民，诅咒黑暗的社会，讴歌爱情。早在 1925 年 4 月，胡也频受到"思想革命"问题大讨论的影响，在看到《猛进》周刊刊登鲁迅、徐炳昶等的通信后深受启发，就中国的思想现状和真正的革命家须具备什么情怀和条件发表了自己的看法：

我觉得中国现在思想之混乱，是浅薄的感情和卑劣的理性在那儿作怪；这种传统的感情和理性很容易使人走到堕落和盲从的道上去的。我想，如果我们要做思想革命的工作，改造和发展我们的生活，非首先铲除掉这种堕落和盲从的症结不成功。我们应当创造真挚而热烈的感情来培养我们的生命，使我们的生命有价值。

我记得日本林蔡未夫评菊池宽的论文中曾有这样的一段话：

"……没有革命的感情的人，无论理性上如何赞成革命到底不能做真正的革命家，从来没有纯粹的学者与理论家能使革命成功的。革命之实行，必须有可以灭绝理性的伟大的革命的感情才可能。没有革命的感情，虽堆上一百篇革命的理论，也不能起纸烟灰那样的热……"我以为可以灭绝理性的伟大的革命的感情，是真正的"思想革命"的热情。

这段话颇能显示他后来成为革命作家的种种征兆。他早就期待自己成为一个行动的革命家、文学家，并最终践行了他的信仰。随着胡也频逐渐接触革命思想，他就毫不怀疑、勤勤恳恳去了解那些他从来没听到过的理论。

丁玲在《胡也频》一文中写道："胡也频在一九二八年、

二九年读了大量的鲁迅和雪峰翻译的苏俄文艺理论书籍，进而读了一些社会科学、政治经济学、哲学等书。他对革命逐渐有了理解，逐渐左倾。"连同胡也频诗歌、小说的写作，都出现了明显的风格转变。从胡也频在 1928 年 12 月写于上海的一首诗歌作品《时代之火》就可以看出转变的痕迹。

时代之火，
已在空间，甚于夏天初出的太阳，
灿烂地，如同爱神的羽箭，
使青年的心发热烈之狂。
如其是勇敢的，呵人们，
当弃绝那陈旧的梦，
用灵魂的怒吼，
宣誓为新世纪的同志。
那潮流的呼喊之声，
不正是冲锋的喇叭？
"前进呀，为人类的光荣，
共同枪毙那罪恶的首领！"
啊！压迫于黑暗的深渊，
生命应如烈火，

1929 年的胡也频

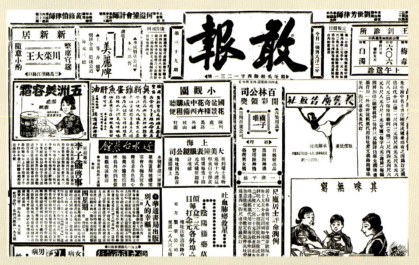

1929 年底，华通书局出版胡也频的戏剧集《别人的幸福》和短篇小说集《四星期》，并于 1930 年 2 月在《敢报》上刊登该两种书籍的售书广告

毁灭那奢侈的宫殿，

并以鲜血的疾流，纪念这时代！

　　由于出版《红黑》月刊的失败，为了还债胡也频不得不另外找一点事情去做。那时恰巧山东省立高级中学方面，向陆侃如 [①] 同淦女士（冯沅君 [②] 的笔名）夫妇探询，有没有人愿意去教书，要她夫妇介绍。胡也频觉得除了教书没有别的更相称事情可做，因此由他们介绍，不久就去山东教书去了。

　　去山东济南时，胡也频和丁玲又是约定好：教书的在山东好好教书，做文章的还是留在上海做文章，半年后再决定新的办法。这种计划自然极好，因为他们两个人在上海一同住下，虽然同在一个房间里，各占据一个桌子做事，两无妨碍，可是这个人说不高兴了，那个人为了"陪伴玩一会儿"的原因，事情就只好放下的。到另一时那一个高兴做事，这一个又厌倦了，那就又轮到两人休息的时候了。如今既然暂时分手，半年中一定可以好好地做一点事。

　　1930 年 2 月，胡也频来到山东省立高级中学教书，看着这个

---

①　陆侃如（1903—1978），江苏海门人。中国现代著名文学史专家、教育家。

②　冯沅君（1900—1974），女，河南唐河人。中国现代文学史家、戏曲史家、作家。

山东省立高级中学

古朴的校园，看着生龙活虎的学生，有种说不出来的亲切感，仿佛回到了自己的学生时代。在冰雪初融，迎春花零星地打着花骨朵的一天中午，教务主任向学生简单介绍了胡也频老师。只见他穿着一身旧灰哔叽西装走向讲台，声音洪亮，毫不隐瞒自己的思想，略带鼓动性地在课堂上宣传马克思主义，宣传普罗文学。根据胡也频的学生峰毅①（冯仙舟）在《丁玲胡也频在济南》回忆："他第一堂课，给我们讲的就是唯物史观的文学论……大家像听

① 冯毅之（1908—2002），原名冯仙舟，笔名峰毅等，山东青州人。1929年，在济南高中就读，得到胡也频（班主任）、楚图南等进步教师的教导，后历任北平左联组织部长，八路军四支队新一营营长等职务。

神话似的，一班糊里糊涂的过去了。后来，胡也频改变教学策略，讲了更贴近实际的题目《目前中国文学运动的趋向》，他从五四运动讲起一直讲到普罗文学，并且慷慨激昂的宣传道：'普罗文学在历史的进展中，一定会把握着胜利。'胡也频凭借知识渊博、观点新颖、旁征博引，几堂课下来就给学生们一个极好的印象。下课后，学生们赞叹地说：'这样年轻就成了全国闻名的作家，真是了不起！'胡也频讲课很特别，没有课本，也没有讲义，只有一个简单的提纲。他讲的是马列主义文艺理论，学生们感到很新鲜，又因为他讲的内容是当时统治阶级所不允许的，讲课方式也不是填鸭式地一味灌输，而是随时启发学生独立思考，鼓励同学们辩证地看问题，鼓励同学们敢于提出质疑。胡也频对学生非常和善，时时跑到学生中来说笑闲谈，并且他住的屋子，同学们也可以随便出入。很快这位年轻的胡老师获得了学生们的喜爱和拥戴，随即成了学校里焦点风云人物。后来，学校里发生了学潮，学生们几乎贴出标语来'拥护胡也频先生当教务主任！'"

他宣传唯物史观，宣传鲁迅与冯雪峰翻译的那些文艺理论，被许许多多多的同学拥戴着。胡也频的每一天都过得很充实，他在济南简直不是在教书，而是宣传马克思主义，搞革命实践。胡也频根据自身的文学创作经历，来讲文学的发展，他在课堂上滔

胡也频在山东省立高级中学教书期间的学生冯仙舟

滔不绝地说道："我以前也是一个'为艺术而艺术的'的理论信仰者。我以前的著作没有一本能使自己满意。比较着，就是我最近出版的那本《到莫斯科去》，和不久要更努力去写《光明在我们的前面》比较能够代表自己现在的思想……"

而远在上海的丁玲则对胡也频思念不已，在寄给胡也频的信中写道："先说这时候，是十一点半，夜里……再说我的心情吧，我是多么感激你的爱。你从一种极颓废、消极、无聊赖的生活中救了我。你只要几个字便能将我的已灭的意志唤醒来，你的一句话便给我无量的勇气和寂寞的生活去奋斗了。爱！我要努力，我有力量努力，不是为了钱，不是为了名，即使约微补偿我们分离的苦绪也不是，是为了使我爱的希望不要失去，是为的我爱的欢乐啊！过去的，糟蹋了我的成绩太惭愧，然而从明天起我必须遵照我爱的意思去生活。而且我是希望爱要天天来信勉励我，因为我是靠着这而生存的。"

受不了相思之苦的丁玲一个月后也来到济南。到了山东省立高级中学后，丁玲发现胡也频简直换了一个人，"那样年青的他，被群众所包围所信仰，而他却是那样的稳重、自信、坚定，侃侃而谈"。天一亮，他的房子里就有人等着他起床，到夜深还有人不让他睡觉。

后来胡也频参加到学校里的一些斗争，他明白了一些教育界

山东省立高级中学学生军操练时的情形

的黑幕，这没有使他消极，他更成天和学生在一起。胡也频领导并发起的社团"文学研究会"，吸引300多名学生报名（全校学生总共600余人）。这已经不是文学的活动，简直是政治的活动，使校长、训育主任都不得不出席，不得不说普罗文学了。在群众和反动政府尖锐对立的岁月，一个人若为群众所极端欢迎，同时，也一定为反动政府所极端仇恨。胡也频来到省立高中不到三个月，就有谣言流出："本市自从有人提倡普罗文学以来，一般青年都走向了错误的路，差不多十之八九都变为共产党。"学校里也在这种谣言的蛊惑下，种下恐怖的种子。

根据当时省立高级中学的学生会主席冯仙舟回忆："那是

胡也频在济南教书期间的同事董每戡

'五九'国耻纪念日 ①，学校照例举行纪念大会。胡先生做了主题演讲，内容大意是'我们纪念五九是为要打倒帝国主义，研究文学的人应当深刻的明了文学在社会上的作用。它不是艺术之宫里无用的宝石，而是社会革命最用力的斧头……所以，我们现在来提倡普罗文学也就是积极的做了反帝国主义的工作……'"

在纪念大会结束时，全学校都被鼓动起来了，热烈地呼喊着：政府甘心做帝国主义的走狗，只能依靠工农大众自己的力

警告同胞勿忘国耻的铜牌和国耻纪念日章

_____

① 1915 年后，中国民间围绕"二十一条"国耻，或于 5 月 7 日，或于 5 月 9
日，连年举行纪念活动。全国教育会规定各学校每年 5 月 9 日为国耻纪念日，
北方团体则多将 5 月 7 日定为"二十一条"国耻纪念日，《申报》社评认为：
"'五七'为日提二十一条最后通牒之日，'五九'为我政府承诺之日。"

量……一群群学生到胡也频家里来，大家兴奋得无可形容。晚上，风云骤变，学校流传着省政府要来学校抓捕胡也频和进步学生的消息。胡也频和丁玲又谈到可能要被反动当局通缉一事，同他一道去济南教书的董每戡①也在旁边，他们已经感觉到问题的严重性。丁玲在《一个真实人的一生——记胡也频》中写道："依靠着我的经验，我说一定要找济南的共产党，取得协助，否则，我们会失败的。但济南的党怎样去找呢？究竟我们下学期要不要留在这里，都是问题。也频特别着急，他觉得他已经带上这样一个大队伍，他需要更有计划，他提议他到上海去找党，由上海的关系来找济南的党，请他们派人来领导，因为我们总是不会长期留在济南，我们都很想上海。我和董每戡不赞成，正谈得很紧张时，校长张默生②来找也频了。张走后，也频告诉我们道：'真凑巧，我正要去上海，他们也很同意，且送了路费。'我们不信，他就从口袋里掏出一卷钞票，是二百元。也频说：'但是，

① 董每戡（1907—1980），浙江温州永嘉人。幼时名国清，入学取名董华，每戡是笔名，著名戏剧家、戏曲史研究专家。毕业于上海大学中国文学系。1926年夏，大学毕业后，立即投入进步的电影、戏剧事业。
② 张默生（1895—1979），山东淄博临淄人。著名学者、教育家。1930年3月，任山东省立高级中学校长。主张开放办学，力倡思想自由，放眼京沪，搜求贤才，胡也频、董每戡、高滔、董秋芳、夏绿蒂、于赓虞、楚图南、赵春珊等都被延聘来校。

我不想去了。我要留在这里看看。'我们还不能十分懂，也频才详细的告诉我们，说省政府已经通缉也频了。"

"五九"国耻日的第二天当局就来捉人，要抓的还有老师楚图南和学生会主席冯仙舟。山东省教育厅厅长何思源透露了这个抓捕消息，所以校长特意送来了路费，要他们事先逃走，看来这是他们的一番好意。但这个消息来得太匆促，胡也频他们都没有什么经验，也不懂什么惧怕，依胡也频的意见是不走，或者过几天走，他愿意明白一个究竟，更重要的是他舍不得那些学生，他要向他们说明，要勉励他们。丁玲那时也以为胡也频不是一个共

教育家张默生

胡也频在山东省立高级中学时的同事董秋芳

产党员，又没有做什么秘密组织工作，只宣传普罗文学难道有罪吗？后来还是学校里的另一个教员董秋芳来了，劝胡也频他们走。董秋芳在同事之中是比较与他们更为靠近的，他自然多懂些世故。经过很久，才作出决定。胡也频很难受地只身搭夜车去青岛。当丁玲第二天也赶到时，才知道楚图南和冯仙舟也都到了青岛，冯仙舟跟着胡也频一同到了上海。

去济南教书的短暂经历，可以说是胡也频革命转向后一次生动的革命实践，深入学生群体，宣传革命思想，充分调动学生群体，形成浩浩荡荡的革命队伍。虽然在反动势力的压迫和威胁下，胡也频不得不终止，回到上海。但是在革命道路上，胡也频有着自己的执着追求，不会因为反动当局的各种威胁和恐吓而停下自己追求进步的脚步。胡也频丝毫不隐瞒自己的思想，1930年5月19日在《到莫斯科去》序中，他坦诚地写道："至于我们现在的这一本《到莫斯科去》(作于去年四月间)，虽然我认为比起我以前的作品，在思想上虽较为进步，但是，如果用严格的马克思主义的批判而指示出错误的地方，还是很多。不过，这本书，能够作为我将来作品底转变的一个预兆，便使我十分感到满足的。所以，我极盼望批评家给我严格的批评和读者给我忠实的意见。我们的无产者出现于我们的文坛，这是超于我对于我自己期望底一个热诚的期望！"

革命洪流

HU YEPIN

加入左联

1929 年 6 月，中共六届二中全会在上海召开，大会决议在中宣部下成立中央文化工作委员会（简称文委），以领导全国文化工作。1929 年 10 月中央文委成立后，随即着手筹备成立中国左翼作家联盟（简称左联）。1930 年 3 月 2 日，经过多次筹备会的充分准备，文委在上海窦乐安路（今虹口多伦路）中华艺术大学内召开左联成立大会。出席成立大会的盟员有 40 余人，大会推举鲁迅、沈端先（夏衍）、钱杏邨三人为主席团，通过联盟纲领和关于成立"马克思主义文艺理论研究会"等 17 项决议。至此，中国共产党领导的第一个革命文学组织宣告成立，开启了波澜壮阔的左翼文艺运动。

左联以马克思主义为理论指导，高举反对帝国主义、反对国民党反共媚外政策、拥护苏区和红军的革命斗争、拥护社会主义苏联的旗帜，开展各项社会政治斗争和文学活动。1930 年 5 月中上旬，胡也频与丁玲回到上海，参加了中国左翼作家联盟。在丁玲回忆潘汉年的文章《决定一生的谈话》中，丁玲写下了胡也频与潘汉年第一次见面的情况，就是这次见面，促成了胡也频与丁玲加入左联。同月 20 日至 23 日，胡也频、柔石和冯铿一起，代表左联参加了全国苏维埃区域代表大会。

中华艺术大学校址

左联成立大会场景复原

1930年5月胡也频参加全国苏维埃区域代表大会，
图为全国苏维埃区域代表大会旧址，白克路（今凤
阳路）上的一栋楼房

5月29日，胡也频、柔石等人在左联第二次全体盟员大会上，汇报了全国苏维埃区域代表大会的情况，受到鲁迅及与会盟员的热烈欢迎和高度评价。面对这份截然不同的工作，胡也频充满了热情，很快被选为左联执行委员，并任工农兵文学委员会主席，又受冯雪峰邀请在左联办的文艺暑期实习班讲授文学。关于文艺暑期班，当时的学员冯毅之回忆道："那时上海的革命空气很高涨。在法租界合办了一个暑期实习学校，对外是保密的。校长是王学文，教导主任是冯雪峰，教员有：鲁迅、茅盾、胡也频

等。我也由胡老师介绍参加了这个学习班,并参加了左联。补习学校,本来准备办四个月,后因被国民党特务发现,不到两个月被迫结束。"这一阶段,胡也频除了教学任务,还有密切联系群众的任务,工作繁忙,经常化装到贫民区和工厂区去活动,去宣传革命理论和革命思想。

此外,他的中篇小说《光明在我们的前面》正创作于这一时期。沈从文说:"这海军学生,他知道他的笔,应当向哪一方。"对于胡也频的革命转变,丁玲说:"从这时起,他一心一意追寻真理,不断实践,日夜忙碌……他是一个认真追求、严肃生活、勇敢切实的革命者。"由于胡也频很少在家,丁玲感到他变了,

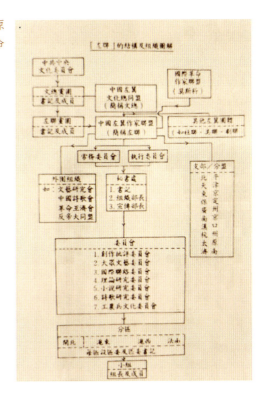

《左联的结构及组织图解》，原载王宏志《思想激流下的中国命运——鲁迅与"左联"》一书

他前进了，而且是飞跃的。

1930年8月15日，全国苏维埃代表大会中央准备委员会（简称苏准会）在上海召开，胡也频和柔石代表左联秘密出席此次大会。丁玲在文章中写道："他只告诉我晚上不回来，我没有问他，过了两天他才回来，他交给我一封瞿秋白同志写给我的信。我猜出了他的行动，我知道他们会见了，他才告诉我果然开

了一个会。各地的共产党领袖都参加了，他形容那个会场给我听。他们这会是开得非常机密的……上海市的同志最后进去。进去后就开会。会场满挂镰刀斧头红旗，严肃极了。会后也是外埠的先走。至于会议内容，也频一句也没有告诉我……但我看得出这次会议更引起也频的浓厚的政治兴趣。"

9月，胡也频参加了左联为鲁迅举行的五十寿辰庆祝活动。10月，他的中篇小说《光明在我们的前面》出版了。胡也频积极进行无产阶级文学创作试验，逐渐酝酿出更加成熟的作品，《光明在我们的前面》就是在无产阶级文学不断滋长的大背景下，涌现出的一部佳作。正如鲁迅在《中国无产阶级革命文学与先驱的血》一书中所言："无产阶级革命文学仍然滋长，因为这是属于革命的广大劳苦大众的，大众存在一日，壮大一日，无产阶级革命文学也就滋长一日。"胡也频的这部小说作品以五卅运动为背景展开，通过讲述无政府主义青年妇女白华受到布尔什维克拥趸者刘希坚的影响，转变为共产主义者的故事，艺术地再现了20世纪20年代中期中国反帝爱国运动的壮阔图景，深刻揭示了共产主义的先进意义。

　　这一天，推动北京的民众走上反帝国主义的革命的前途，同时是有计划的具体的领导着这些民众的，那北京的各团体联席会议开成了。从会场里走出来的刘希坚，仿佛是从一座庄严的宫殿里走了出来的样子，思想里还强烈地保留着那会议的严重的意义，以及像一层波涛跟着另一层波涛，重复地荡漾着那许多光荣的决议。

——出兵保护租界华人！

——撤退英公使！

——准备全国总示威！

——抵制英日货！

——组织工商学联合会！

——……

这种种，在他的思想里造成一片革命的光辉，仿佛在他的周围，那对于帝国主义的示威的口号，已经开始了——像雷鸣一般的传播到全世界。

当他走到王府井大街的时候，街上的市民一群群地，尤其是在东安市场的门口，聚集得更多的人众，大家像半疯癫的样子，看着刚刚出版的五卅惨案的画报。那报上印着五卅惨案的发生地点，和水门汀上躺着，蜷伏着，爬着，裸着，种种中枪的尸首。其中有好几个人的尸身已经霉烂了，脸肿得非常大，四肢膨胀着。每一个尸身上——胸部，脸部，或者腰部，都现着被枪弹打穿的洞，涌着一团血。这样的画报是从来所没有过的，同时也是从来所没有过的一张难看的，悲惨的，使人愤慨的画报啊。

这画报的内容，完全把街上的市民激动起来了，有一个五十来岁的老太太忽然在人群里忍不住的哭了起来。反抗帝国主义的强盗行为，和同情这些被压迫的同胞的被害，这两种情绪像两道火蛇似的同时在民众的心里燃烧了。的确，谁能够把这样残忍的暴露当做风花雪月的鉴赏呢？没有人！谁都不能把这样的画报当做一幅裸体画的美术品的展览。当然，这不是一幅好看的画呀。而且，简直是张战报呢。一张被压迫民族——殖民地——无产阶级的开始斗争的战报。因为，那画报里面所包含的严重的伟大的问题，只有用鲜红的血来解决。被压迫民族是不能够从和平里得到解放的，在和平的圈内挣扎，只是加重了压迫的桎梏。面包不是由别人施与的，这是应该用我们自己的力量去获得。所以这一张画报成为一粒火种了，深深的落在每一个看报市民的心中。他们激昂地看着，愤慨地叫骂，互相同情地向不认识的人发着反抗帝国主义的议论。有许多人简直表现了原始的人性：

"他妈的Ｂ！一个换一个，复仇！"

还有许多青年的洋车夫，工人，店铺的伙计，仿佛有立刻暴动的样子，大家粗暴的叫着，纷乱着。"打到东交民巷

胡也频小说《光明在我们的前面》(1930
年初版)封面

《光明在我们的前面》俄文译本

去!"有的人这样喊。

街上的巡警也把他的枪支挂到肩头上,拿一张画报看着,显然他是被那些尸首感动了,不但没有去干涉马路两旁的人众,还参加了这没有秩序的市民的行动。

这种种情形,非常尖锐地映在刘希坚的眼里,他一路都被这可宝贵的情形迷惑着。他的心里有一种说不出的愉快的感觉。他的思想又立刻像一只风车,旋转着,没有停止地,在他的心里建立了这一个信念：

　　"那伟大的示威有立刻实现的可能！"

　　1931年，张秀中①评价该作品说道："胡氏底《光明在我们的前面》是生长在五卅运动以后的文学作品中的一种新的姿态开展在读者面前的，因了其生活内容的充实，意识的正确，技巧的熟练，无疑的，在中国文坛上是一部划时代的作品。"

年轻爸爸

　　中国左翼作家联盟、中国社会科学家联盟等左翼文化团体成立不久，就遭到国民党当局的取缔。上海、北平的新文艺书店被查抄，书籍被禁、被烧。这一时期，胡也频、丁玲的生活过得比以前任何时候都艰苦都严肃。以前当他们有了些稿费后，总爱一两天内把它挥霍去，现在不了，由于胡也频积极宣马克思文艺理论和普罗文学，遭受国民党当局打击，连同他在《小说月报》《日出月刊》发表文章都成了难题。丁玲在《妇女杂志》发表小说也不顺利。

　　但是胡也频面对敌人的封锁和打击不气馁，仍然笔耕不辍，

---

① 张秀中（1905—1944），河北定兴人，原名张毓坤，笔名荒村寒烟、草川未雨。北方左联负责人之一。1930年加入中国共产党。曾任河北省委副秘书长，参加编辑省委党刊《北方红旗》工作。曾两度兼任北方左联党团书记。

坚持无产阶级文艺创作实践。1930 年 11 月，胡也频发表于《现代学生》的短篇小说《黑骨头》也带有明显无产阶级文学特点，关心社会底层，关心最劳苦大众的生活，并以劳苦大众被人压榨、愤而抗争为故事线进行文学创作。

　　我们这里是一个小县城。地方虽然很小，却有许多黑骨头。以前这里的黑骨头过的是一种自由的生活，例如他们在家里做出来的东西，自己拿到市上去卖。可是自从几个蓝眼睛的和几个拖木屐的白骨头到这里来开了工厂，他们就不像从前了。现在我们这里的黑骨头，和世界上的黑骨头是一样的，都是被白骨头的权力压着，过着很苦闷的生活。有的，比别地方的黑骨头还要苦闷。因为这里的白骨头比其他的白骨头还要坏。黑骨头替他们卖力气，出汗，生病，还不够，他们还要黑骨头流出一些鲜红的血。在街上，我们常常看见穿着蓝布短衣的，脸上罩着一重黑皮而且是苦闷的，好像他们从生来便没有快乐过，没有笑过一次的人，这就是我们这里的黑骨头的典型了。

　　……

　　近来，阿土和他的伙伴们都变了。因为他们都有着一种比站在机器旁边更伟大更充满着意义的工作。他们都不像从

胡也频在《现代学生》第一卷第二期上发表的小说《黑骨头》，图为《现代学生》第二期封面

前那样的沉默。现在，他们见面的时候是有许多话要说的。他们常常兴奋地谈着将来的世界。他们的眼睛里流露着"我们是胜利的"的光芒。他们的希望是团结着的。并且他们的生活都建筑在红色的信仰上面了。

因为文化论战与革命斗争，这个小家庭的稿费收入也减少，他们有一点收入也存放起来，取消了一切娱乐。直到冬天为了丁玲的生产，让生产时间过得稍微好些，才搬了家，搬到环境房屋都比较好些的靠近法国公园的万宜坊（今重庆南路205号）。11月7日，十月革命节的那天，丁玲进了医院。8日那天，雷雨很大，九十点钟的时候，胡也频到医院来看她，丁玲看见他两个眼睛很红肿，就知道他一夜没有睡，但他很兴奋地告诉丁玲："你说，光明不是在我们前面吗？"中午丁玲生下了一个男孩，他们两个兴奋而"贪婪"地看着摇篮里的婴儿。小婴儿乖极了，深深闭着眼睛，露出毛毛的可爱的小脸儿，躺着，吐着像丝一般微微的呼吸。丁玲轻轻地把手伸出来，胡也频轻轻地亲吻着妻子的手哭了，哭得像个孩子一样，眼睛里蓄满泪水，一颗颗泪珠连成串地落下来。他是为同情妻子而哭呢，还是为幸福而哭呢？丁玲

胡也频、丁玲在万宜坊居住时房间场景复原

没有问他，总之，他很激动地哭了。

可是胡也频没有时间陪妻儿，他又匆匆奔赴会场。原来，11月16日晚6点到10点胡也频正在参加左联第四次全体大会。也就是在这次大会上，胡也频被选为出席苏维埃第一次代表大会的代表。第二天胡也频才告诉丁玲，他在请求入党，并被选为苏代会代表。这时丁玲也哭了，看着他在许多年的黑暗中挣扎、摸索，找不到一条人生的路，现在找着了，他是那样有信心，是

《红旗日报》1930年11月22日第91期，报道《左翼作家联盟第四次全体大会补志》

的，光明在我们前面，光明已经在我们脚下，光明来到了。丁玲说："好，你走吧，我将一人带着孩子。你放心！"

等丁玲出医院后，他们口袋中已经一分钱也没有了。胡也频、丁玲只能共吃一客包饭。虽然胡也频很少在家，丁玲月子中还不能下床，小孩很爱哭，但他们的生活却很有生机：丁玲替他看稿子，修改里面的错字；胡也频回来便同丁玲谈在外面工作的事，左联工农兵文学委员会工作起到什么作用，影响了哪些人。那时他们的物质生活自然是很窘迫的，好在他们在精神上、信仰上有了引领和方向。

胡也频在《一个人的诞生》一文中饶有兴趣地写道："叫什么名字呢……那么就叫小捣乱吧。"她听着笑了。这名字是很新鲜的。而且和事实正做了一个配合。因为在他们的经济感到十分苦难的时候，同时也是整个工作都在艰苦中的时候，这个小孩出来了。仿佛是故意似的，增加了他们的物质的贫困……虽然他们处于贫困的生活之中，但是贫困挡不住他们的工作的热情，也挡不住他们对革命事业的期许。他在《一个人的诞生》中还说，等孩子长大了"做一个布尔什维克……他的身上要挂一个红星"。这些都表达出胡也频对革命事业的无限憧憬。

做母亲的为了照料孩子，文章没有工夫写得出，做爸爸的为了另外一些事情，也不能安静一点来写些文章。为了能请一位奶妈照顾小婴儿，胡也频在寒冬腊月把自己正穿着的两件大衣当了，好不容易换了些钱。结果，刚请来的奶妈因为嫌主人太穷，不能吃一顿好点的饭，即刻又走了。"小孩子日夜的尿布，皆得做母亲的洗换，小孩子每日六顿奶粉，皆轮到了做爸爸的调和。夜里有时哭醒了，两人之中总得有一个起来抱抱孩子。这一来，连写一封信也不行了。"沈从文在《记胡也频》中如是写道。胡也频在大冷的天穿着短衣在外面为着革命宣传终日奔波，晚上还得开夜车构思小说，赚取稿费养家糊口，因此愈发显得瘦小羸弱。好在这时，胡也频的入党申请被批准了。1930年12月，苏准会召开上海各革命团体代表大会决议，全国苏维埃大会延期至1931年2月7日举行，代表的选举办法，改为初

左联的第一任党团书记冯乃超

选和复选两个阶段。左联的初选代表是胡也频和冯乃超。12 月
25 日，左联、社联、社研、美联、剧联等团体 11 位代表开会复
选，胡也频被复选为苏维埃全国代表大会的正式代表。胡也频无
时无刻不在憧憬着去江西苏区，去亲眼看一看自己理想中的革命
圣地。

　　1 月上旬，刚从武汉回到上海的沈从文到胡也频家去探望。
胡也频刚当了爸爸，小小的家庭一派温馨祥和的氛围。那个睡在
床上照料小孩子喝牛奶的丁玲说："我们多了一个小孩，却反而
很少人知道，这事倒很有趣。"胡也频说："把任何消息放大，是

1931 年 1 月 8 日，胡也频、丁玲和他们的
孩子蒋祖林一家三口在上海的合影

住在上海地方的闲人一种特别本领。"胡也频望着小孩说："小孩
若是会说话，就会告诉你，这两个月来，为了他，做爸爸的同做
妈妈的如何过日子。"那小孩出生还不到 60 天，已经会望到人
笑，且似乎懂得别人对他笑的意思了，一张小小的脸，为房中炉
火逼得绯红。

两人同沈从文说及小孩子一月所耗的奶粉，总说真是为父母
出的一个难题。因为房东有按时催缴房租的习惯，两人为房租就
已经常常受窘，再加上这个小孩固定的需要，自然更麻烦了。两
人因为知道小孩一出世一定得花一些钱，所以前两个月还写了些
文章，得了些钱，这些钱如今又早花光了。

屋中多了一个小孩，两人写作的时间简直就没有了，依照这
种情形看来，也实在拖不下去。所以后来又向一个熟人处借了
些钱，重新请了一个苏北娘姨。把娘姨请来后，都说这可应当
做文章了，在那两张桌子上，当真也间或可以看到一两张满了
小字的稿纸了。但这些文章自然是永远不会完成的，由于那个
小孩的出生，或由于别的，总常常有什么客待着在那里。因为
娘姨是一个生手，对于照料小孩子不大在行，一到夜间，这小
孩子就似乎特别爱哭。因为这个理由，两人白天既没有能安静，
每夜总得还起来三两次，若想正当做点事情，不用说也做不下
去了。

胡也频画传

参会被捕

　　1931年1月7日，中共中央召开中国共产党第六届中央委员会第四次全体会议（扩大）。会议在极不正常的气氛中通过了《四中全会决议案》，彻底否定了六届三中全会，强令增补王明为中央委员，逼迫瞿秋白、李立三、李维汉退出中央政治局，开除了罗章龙等的党籍，何孟雄、林育南等人也因反对过王明而受到打击报复，导致党内思想一片混乱。

1931年1月7日，中共六届四中全会（扩大）在上海武定路修德坊6号（今武定路930弄14号）举行

王明"左"倾教条主义纲领性小册子《为中共更加布尔塞维克化而斗争》

　　为了反对王明的机会主义路线，罗章龙以全国总工会党团书记的身份，召集了史文彬、何孟雄、李求实（李伟森）、林育南等人商讨，共同筹备了上海东方旅社 31 号房间的秘密会议，主要是为了讨论抵制党的六届四中全会上被共产国际代表米夫扶植上台的王明和他的《为中共更加布尔塞维克化而斗争》一文的观点，时间定于 1931 年 1 月 17 日晚上。根据罗章龙事后回忆：当时李求实是文化工作方面的负责人，他请示罗章龙，问他是否让左联的柔石等人也来参加会议，罗章龙表示同意。于是李求实便

左联五烈士的被捕地，汉口路的东方旅社

通知了柔石，柔石通知了冯铿和胡也频，随后冯铿又匆匆忙忙写了个纸条，通知在团中央编辑杂志的殷夫。

1月中旬，沈从文约老朋友胡也频见面。天空阴沉沉的，湿冷的空气直接往行人衣服缝里钻，胡也频拢了拢自己的旧西装，让衣服包裹自己更紧一些以便暖和些。沈从文看着消瘦的身穿单薄外套的老朋友，不禁心生同情，就把自己的一件新海虎绒袍子借给胡也频穿。

1月17日，胡也频为能够去江西做准备，早早去苏维埃代表大会准备会的机关接头。胡也频、丁玲一切都准备好了，只等走。这天早晨，他告诉丁玲要去开左联执委会，开完会后就去沈从文那里借两块钱买挽联布送房东（房东家里有丧事），要丁玲等他吃午饭。胡也频穿着暖和的长袍，兴高采烈地走了。夜色刚一朦胧，胡也频来到了上海公共租界最繁华的地段——汉口路666号东方旅社附近，胡也频悄悄进入房间刚坐下不久，一个化装成茶坊伙计模样的警官假装送水突然闯进31号房间，顿时一群荷枪实弹的巡捕和警察蜂拥而入，涌进会场。残酷而冷峻的巡捕和蛮横无理的警察七手八脚将胡也频绑住了，打掉了胡也频的眼镜。随后将他们塞进一个铜墙铁壁的小卡车，直接开到租界巡捕办事机关——老闸捕房，装进了罐头一样的看守所。

丁玲在文章中回忆道："但中午他没有回来。下午沈从文来了，是来写挽联的，他告诉我也频十二点钟才从他那里出来，说好买了布就回来吃饭，并且约好他下午来写挽联。从文没有写挽联，我们无声的坐在房里等着，我没有地方可去，我不知道能够在哪里去找他，我抱着孩子，呆呆地望着窗外的灰色的天空。从文坐了一会又走了。我还是只能静静地等着命运的播弄。"

"天黑了，屋外开始刮起风来了。房子里的电灯亮了。可是却沉寂得像死了人似的，我不能呆下去，又怕跑出去，我的神经紧张极了，我把一切想象都往好处想，一切好情况都又不能镇静

关押胡也频的上海公共租界老闸、汇山和戈登路捕房

下我的心。我不知在什么时候冲出了房，我在马路上狂奔，到后来，我想到了乃超的住处，我走到福煦路他的家，我看见从他住房透出淡淡的灯光，我去敲前门，没有人应，我又去敲后门，仍是没有人应。我站在马路中大声喊，他们也听不见，街上已经没有人影，我再要去喊时，我看见灯熄了，我凝立在那里，想着他们温暖的小房，想着睡在他们身旁的孩子，我疯了似的又跑了起

来，我又跑回了万宜坊。房子里仍没有也频的影子，孩子乖乖地睡着，他什么也不知道啊！啊！我的孩子！等不到天大亮，我又去找乃超，这次我走进了他的屋子，乃超沉默地又把我带到冯雪峰的地方，他也刚刚起来，他也正有一个婴儿睡在他们床上。雪峰说，恐怕出问题了。柔石是被捕了，他昨天同捕房的人来过他们那个书店，但没有被保出来。他们除了要我安心以外，是没有旁的什么办法的，他们自己每天也有危险在等着。我明白，我不能再难受了，我要挺起腰来，我要一个人生活，而且我也觉得，这种事情好像许久以来都已经在等着似的。"

丁玲心如死灰，平静地到了家。她到家的时候，沈从文也来了，交给她一张黄色粗纸，上边是铅笔写的字，丁玲一看就认出是也频的笔迹，如获至宝，纸条上写着："我因事到××饭店，被误会，请赶快与胡先生商量，保我出来……"① 至此，证实了胡也频被捕的消息，他是在苏维埃代表大会准备会的机关中被捕的。他的口供是随朋友去看朋友，他要丁玲安心，要她转告组织，他是决不会投降的。

胡也频被关押在老闸捕房。丁玲紧紧握着这张纸，向从文说："我要设法救他，我一定要把他救出来！"丁玲才明白她实

① "胡先生"指胡适。

在不能没有他，她的孩子也不能没有爸爸。沈从文见夜深了，只能先安慰丁玲，次日赶紧找到胡适寻求帮助。胡适说："那不行，我们想办法。"下午，沈从文将消息转告给丁玲。与此同时，李达和王会悟把丁玲接到他们家里去住并商量营救办法，丁玲不得不离开了万宜坊。最后议定，请胡适、徐志摩写信给蔡元培，设法放人。沈从文也十分担心胡也频，他致信蔡元培，希望靠着他人脉广，能够解救他这可怜的朋友。遗憾的是蔡元培"曾作两

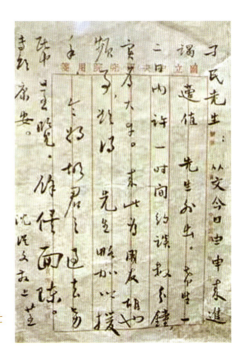

沈从文致蔡元培信函，请求他帮忙解救胡也频

函，托张岳军设法"①，却都石沉大海。

其间，沈从文带了 200 元给丁玲，是郑振铎借给她的稿费，并且由郑振铎和陈望道署名写了一封信给邵力子②，要丁玲去找他。丁玲只有一颗要救胡也频的心，也没有什么办法，也没有什么可商量的地方，她就决定去南京找邵力子。不知什么人介绍了一个可以出钱买的办法，丁玲着急地也去做，托了人去买。

1 月 19 日上午 11 时，"东方旅社案件"在上海租界法庭开庭审判。由于这个案子是秘密进行的，社会上很少有人知道，因此参与旁听的人也没有几个。又由于被捕的都是中共地下党员，旁听者多数并不认识他们，所以也不太关心此事。上海艺大学生王淡秋（后来也参加了左翼联盟组织）受柔石挚友王育和之托，前往法庭旁听；张横海律师也是受老朋友王育和之托，实在碍于情面，才勉强答应出庭辩护的，并且他也是在场的唯一的律师。开庭时，法官宣读了被告人的姓名和"罪状"，对于左联五位青年作家，他们的"罪名"统统是"参加了左翼的文艺运动"。法官刚刚宣读完毕，上海龙华警备司令部派来的人当场提出强硬要

---

① 张群（1989—1990），字岳军，国民党元老，1929 年当选国民党中央执行委员，后任国民政府上海特别市市长。

② 邵力子（1882—1967），原名邵景泰，浙江绍兴人。国民党元老，是近代著名民主人士，社会活动家、政治家、教育家。

求，要把案犯全部引渡到龙华监狱去。张横海律师心里明白，如果这些人从租界被引渡到龙华警备司令部，等于把他们的命运交到了国民党蒋介石之手，就等于宣判了他们的死刑。因此他立即站起来抗议，强烈谴责龙华警备司令部要求"引渡案犯"是非法的，是无理要求。因为按当时法律规定：凡是在租界内发生的案件，应该由该租界内的法院全权审理判处，绝对不能随便引渡。由于法庭上只有张横海律师一人提出质疑，尽管他奋力呼吁、强烈反对，几乎无人声援。在一帮有组织、有预谋的恶人挟制之下的法庭是裁决不出什么公平与正义的。法官随即举锤击案，判决引渡。胡也频、柔石等人立即表示抗议，并且高呼口号："我们没有罪！""我们不服判决！"但都无济于事。此时在外面打听消息，积极准备营救的丁玲又找了老闸捕房的律师，律师打听了，向她说人已转到公安局，她又去找公安局律师，回信又说人已转至龙华警备司令部。

当日，雨雪纷飞、空气极其湿冷，胡也频、李求实、柔石等人被引渡到龙华警备司令部的看守所，旋即被钉上沉重冰冷的铁镣。刚开始的时候，胡也频他们还很不适应铁镣，常常在好不容易躺下迷糊睡着的时候，触碰到这冰人肌骨的脚镣，冻得一哆嗦，从梦中惊醒，随即打了个冷颤从脚底传到脑袋。北风呼呼地吹着，贴床上的一块破纸被吹得沙沙地响，胡也频听着大家戴着锁镣叮叮当当的翻身声，更睡不着，不知不觉想起刚成为年轻妈妈的丁玲和襁褓中的婴孩，甚是牵挂。

后来胡也频和狱友们都互相帮忙用干毛巾裹住脚，这样才能勉强在这阴暗潮湿的牢房里囫囵着睡上一觉。早上，胡也频艰难地把棉裤从脚镣里穿过提上去。一有空闲，胡也频用一个拇指长的铅笔头艰难地写东西，记录自己的狱中生活。他在监狱里，心情也算是放松，觉得自己最多是被判刑坐几年牢，可就是苦了刚出生的孩子和丁玲。他想方设法把自己在监狱里的遭遇和所需的

龙华警备司令部内，看守所男牢内部陈设及男牢走廊

胡也频画传

衣物，写在一张小纸条上，托看守里比较正直、同情共产党的狱卒带信出来。

上海从 18 日就雨雪霏霏，丁玲因生产后缺乏调理，身体很差，加上一天到晚在马路上奔走，这里找人，那里找人，脚上长了冻疮。她很怕留在家里，觉得人在跑着，希望也像多一点似的。跑了几天，丝毫没有跑出一个头绪来。看到胡也频的来信，丁玲非常担心：这样冷的大气，也频那瘦弱的身体，在牢房里吃不饱、穿不暖，能否经受得住那牢狱生活的折磨，是否被折磨瘦得不成人形。丁玲还附了一个回信去，告诉他："孩子和我都很好，正在设法营救你。"在第二天，丁玲又去龙华警备司令部看望胡也频。

英勇就义

天气很冷，飘着小小的雪花，丁玲请了沈从文陪她去看胡也频，他们在那里等了一上午，看守答应把送去的被子、换洗衣服交进去，但人不准见。他们想了半天，又请求送 10 元钱进去，并要求能得到一张收条，这时铁门前看望的人都走完了，只剩他们两人。看守答应了，一会儿，他们听到里面有一阵人声，在两重铁条门里的院子里走过了几个人，丁玲什么也没看清楚，沈从文却看见了一个熟识的影子，他们断定是也频出来领东西，写收条，他们聚精会神地等着，果然，丁玲看见他了，她大声喊起来："频！频！我在这里！"胡也频也调过头来，他也看见她了，胡也频正要喊时，巡警又把他推走了。丁玲对从文说："你看他那样子多有精神呵！"他还穿那件海虎绒袍子，手放在衣叉子里，像把袍子撩起来，免得沾着泥一样，后来丁玲才明白他手为什么是那样，因为他为着走路方便，是提着铁镣走的。他们一进去就都戴着铁镣。也频也曾要她送两条单裤、一条棉裤给他，要求从裤腿到裤裆都用扣子，丁玲那时也不知道情况，不懂得为什么他要这种样式的裤子。

从牢里送一封信出来，要 3 元钱，如又带一封回信去，就要 5 元钱，胡也频寄了几封信出来，从信上情绪看来，都同他走路

龙华警备司令部大门和二门

样子差不多，很有精神。他只怕丁玲难受，倒常常安慰她。如果丁玲只从他的来信来感觉，她会乐观些的，但因为丁玲在外边，她所走的援救他的路，都告诉她要援救他是很困难的。在国民党政府任要职的邵力子说他是无能为力的，他写了一封信给张群，要丁玲去找这位上海市长，可是他又悄悄告诉旁人，说找张群也不会有什么用，他说要找陈立夫①。那位说可以设法买通的人也回绝了，说这事很难。丁玲他们又商量着，请律师，并找到律师张仲石。张律师说这官司不好打，婉言谢绝了，并告诉丁玲这案子很重，二三十个人都上了脚镣手铐，不是重犯不会这样对待。丁玲又去看胡也频，还是没有见到，送了钱进去，这次却连影子也没有见到。天老是不断地下雨、下雪，人的心也一天紧似一天，永远有灰色的云笼罩在心上。这日子真太长呵！

2月7日晚上，监狱点名时，情况有点特别，除了天天来的那个驼子书记员和一个看守外，还有那个吸鸦片的烟鬼看守长也来了。后面跟着的十几个宪兵在外面警戒，每人手里还拿着一个电筒。

看守长站在铁门外，拿了一本簿子，点一个名字，用电筒在一个被关押的犯人的脸上照一下。点过名后，脸色阴沉的看守长

---

① 陈立夫（1900—2001），浙江吴兴人。国民党政治家，历任蒋介石机要秘书、国民党秘书长、教育部长、立法院副院长等各项要职。

国民党元老邵力子　　　　　　　　　龙华警备司令部看守所的脚镣石

把门锁好，一起出去了。监狱中的同志都不由得有些紧张，大家猜想可能有什么不幸的事要发生，但谁也没有说出口。后来不知谁说了声："今天是'二七'大罢工纪念日，可能监狱中要戒严。"这才把紧张的空气渐渐缓和下去。之后，大家又爬到自己的铺位上去睡觉了。

　　胡也频刚睡下去不久，突然听到弄堂里一阵皮鞋走步声，他所在监狱号子里一个同志，从铺上跳起来，扑到木栅和"水饭洞"旁，瞧了瞧说："不对……来了！来了！……还带着枪。"只见月色朦胧下，许多宪兵先后在一号、二号、三号号子里挨次提人。

不一会，那一伙人又到胡也频他们住的号子来，看守长大喊：

"胡也频！出来……"

胡也频连忙穿上裤子，整理好外套，提着脚镣缓慢地踱出了号子，监狱里的狱友纷纷上前和胡也频握手、拥抱。这时恐怖的气氛笼罩了整个监狱。挤满了人的监狱走廊里，一个稚嫩的声音打破了沉闷的走步声音问起："喂！这样晚了，还喊我们起来做什么？"

狡猾的看守长欺骗道："因为南京已造好了大牢，现在要趁最后一班车，把你们运送到南京去。"

胡也频和其他同志将信将疑地被押出去后，国民党驻沪部队派了一个连的宪兵将刚才念到名字的24位年轻人押送到警备司令部二楼的临时法庭上。

在昏黄的灯光下，上面一排高椅上坐着面目狰狞的法官、国民党中央党部的清党委员等人。旁边两个刽子手拿了执行书，看看照片，对了每一个同志的脸，并要他们盖指印，开始一两个同志认为这是解到南京去的公文，糊里糊涂地就盖上了。第三个轮到柔石，他在盖手印时仔细看了一下，只见那上面写着："验明正身，立即绑赴刑场枪决"几个字。柔石把执行书一推，转过身来，对背后的同志们说："同志们！这是执行枪决书啊！我们不盖！"

后面的同志也愤怒地呼喊着："为什么我们 24 个人关押在这里一个月了，连问也不问？""什么法庭呢，你们是一群吃人不吐骨头的禽兽！"

"打倒国民党反动派！"

"中国共产党万岁！"

法庭上一阵大乱，同志们有的打破玻璃窗，有的拿起凳子向法庭上丢过去，几个法官急急忙忙吩咐了一下宪兵连长："立即拖出去执行！"接着，都惊慌地躲到后面去了。24 副脚镣猛力地跺着地板，表达着愤怒与不平。

宪兵上来拖人，24 位同志尽力抵抗着，坚决不下楼梯，抗议国民党匪徒的屠杀。宪兵用雪亮的刺刀逼着他们下楼，也丝毫没有效力。宪兵连长就下命令，用几个宪兵拖着一个人的办法，粗暴地把胡也频他们硬生生地拖下楼梯。同志们被拖出去时，都被宪兵打得遍体鳞伤，站不起来了。刽子手没有办法，就把横躺在地上的同志，一个一个地拖下去，直把胡也频他们拖到龙华警备司令部旁边制造局的大烟囱下。有的同志在被强行拖出门的时候，还顽强地喊着口号："打倒国民党反动派！"胡也频他们几个男青年挣扎着和敌人搏斗，刽子手心慌意乱地把他们在门口就枪杀了。胡也频身中三枪，全身血肉模糊地倒在了冰冷的土地上。残忍的敌人，将 24 个鲜活的生命枪杀于一瞬间，并将他们的尸体草草地裹上油布掩埋在龙华警备司令部外面的荒地里。胡也频他们以一颗颗勇敢的心坚守着自己的信仰，敢于在白色恐怖下同敌人作英勇抗争，为了理想，用年轻的生命筑起明天的希望。

　　与此同时，当天夜晚，毫不知情的丁玲和沈从文又搭夜车回到上海，沈从文并不懂得陈立夫就是刽子手，他幻想这位国民党的宣传部长也许看在作家的面上，帮助另一个作家。丁玲也太幼稚，也不懂得陈立夫在国民党内究竟居何等位置。沈从文回来告诉她，说陈立夫把这案情看得非常重大，但他说如果胡也频能答

1950年上海市民政局在龙华革命烈士就义地挖掘，发现了牺牲烈士的遗骨和遗物，遗物中有此银币、铜币、毛绒背心、手铐、脚镣

应出来以后住在南京，或许可以想想办法。当时丁玲虽不懂得这是假话，是圈套，但她从心里不爱听这句话，丁玲说："这是办不到的。也频决不会同意。他宁肯坐牢，死，也不会在有条件底下得到自由。我也不愿意他这样。"

沈从文他们看见丁玲的态度也就不再说话，丁玲呢，似乎倒更安定了。以一种更为镇静的态度催促沈从文回上海。丁玲感觉到事情快明白了，快确定了，既然是坏的，就多明白些，少去希望吧。丁玲已经不再做有什么希望的打算。到上海时，天已放晴。看见了李达和王会悟，只惨笑了一下。丁玲又去龙华，龙华不给见，她约了一个送信的看守人，她在小茶棚子里等了一下午，他借故不来见她。丁玲又明白了些。她猜想，也频或者已经不在人世了。但他究竟怎样死的呢？丁玲总得弄明白。

此后，沈从文去找了人脉颇广的邵洵美①，把丁玲又带了去，看见了一个相片册子，那里有胡也频，还有柔石……胡也频穿的海虎绒袍子，没戴眼镜，是被捕后照的相，谁也没说什么，丁玲更明白了，她回家就睡了。这天夜晚十二点的时候，沈从文又来了，他告诉了丁玲确实消息，是 2 月 7 日晚上牺牲的，就在龙华。丁玲说："嗯！你回家休息去吧。我想睡了。"

---

① 邵洵美（1906—1968），生于上海，出身官宦世家。新月派诗人、散文家、出版家、翻译家。

10 日下午，那个送信的看守人来了，他送了一封信给丁玲。丁玲很镇静地接待了他，丁玲问也频现在哪里，他说去南京了，她问他带了铺盖没有，他有些狼狈。丁玲说："请你告诉我真情实况，我老早已经知道了。"他赶紧说，也频走时，他并未值班，他看出了她的神情，他慌忙道："你知道吧！"看守人不等丁玲给钱就朝外跑，丁玲跟着追他，也追不到了。丁玲回到房后，打开了也频给她的最后一封信。这封信后来在丁玲被捕^①时遗失了，但其中的大意丁玲是永远也记得的。

　　丁玲在《一个真实人的一生——记胡也频》中回忆胡也频最后一封信的大致内容为："'年轻的妈妈'，跟着他告诉我牢狱的生活并不枯燥和苦痛，有许多同志都在一道，这些同志都有着很丰富的生活经验，他天天听他们讲故事，他觉得他有很大的写作欲望，他相信他可以写出更好的作品。他要我多寄些稿纸给他，他要写，他还可以记载许多材料寄出来给我。他说他估计他既不会投降，那末他总得有二三年的徒刑，坐二三年牢，他是不怕的，他还很年轻。他也不会让他的青春就在牢中白白过去。他希望我把孩子送回湖南给妈妈，这样免得妨碍我的创作，孩子送走了，自然会寂寞些，但能创作，会更感到充实些。他要我不要脱

---

① 1933 年 5 月 14 日，丁玲在家中被特务逮捕。不久后，丁玲被国民党特务拘禁在南京。

离左联，应该靠紧他们，他勉励我，鼓起我的勇气，担当一时的困难日子，并指出方向，他的署名，也是'年轻的爸爸'。"

胡也频这封信是 2 月 7 日白天写好的。他的生命还那样美好，那样健康，那样充满希望，可是就在那个夜晚，统治者的魔手就把那美丽的理想、年青的生命给掐死了！当他写这封信时，他还一点也不知道黑暗已笼罩着他，一点也不知道他生命的危殆，一点也不知道他已经只能留下这一缕高贵的感情给那年轻的妈妈了！丁玲从这封信回溯他的一生，想到他的勇猛、他的坚强、他的热情、他的忘我，他是充满了力量的人呵！他找寻了一生，冲撞了一生，他受过多少艰难，好容易他找到了真理，他成了一名共产党员，他走上了光明大道，可是从暗处伸来了压迫，他们不准他走下去，他们不准他活。丁玲实在为他伤心，为这样年轻有为的人伤心，她不能自已地痛哭了！疯狂地痛哭了！从他被捕后，丁玲第一次流下了眼泪，也无法停止这眼泪。李达站在丁玲床头，不断地说："你是有理智的，你是一个倔强的人，为什么要哭呀！"丁玲说："你不懂得我的心，我实在太可怜他了，以前我一点都不懂得他，现在我懂得了，他是一个很伟大的人，但是他太可怜。"丁玲在《也频与革命》一文中，对胡也频作了精辟的评价："是的，他为人民为革命而工作的时间是很短的，他可能是一个还不够成熟的革命家，但他是一个革命家，是一个烈士。"

国民党当局在龙华警备司令部的这次大规模枪杀事件在社会上被封锁消息。1931年4月，鲁迅得知林育南及左联五作家被国民党秘密杀害的消息后，非常愤慨。他以沉痛的心情写下了悼念诗《无题》："惯于长夜过春时，挈妇将雏鬓有丝。梦里依稀慈母泪，城头变幻大王旗。忍看朋辈成新鬼，怒向刀丛觅小诗。吟罢低眉无写处，月光如水照缁衣。"两年后，鲁迅又写了《为了忘却的记念》，表达了对胡也频、柔石等5位革命青年作家的深厚情感和思念。

鲁迅为纪念左联五烈士写的《无题》手迹

胡也频大事年表

1903 年

    5 月 4 日 生于福州城南街买鸡弄。

1908 年

    入私塾念书。

1914 年

    就读于台江帮洲的教会学校崇德小学。

1918 年

    在台江慎详金银铺当学徒。

1920 年

    春 来到上海。

1920 年至 1921 年

    就读于上海浦东中学。

1921 年至 1923 年

    就读于天津大沽口海军学校。

1923 年

    来到北京，投考官费大学未成功。

1924 年

8 月 在《火球旬刊》发表第一篇短篇小说《雨中》。

12 月 参与编辑《民众文艺周刊》并在《民众文艺周刊》上发表小说《梦后》，诗《昨夜入梦》，杂文《呜呼中国之一般民众》等作品。

1925 年

1 月至 3 月 辗转到烟台，后离开烟台回到北京。

1 月 12 日 创作杂文《雷峰塔倒掉的原因》。

暑假 来到湖南常德。

秋 居住于北京碧云寺附近的村子里。

1926 年

居住于北京北河沿公寓。

4 月 在上海。

1926 年

秋冬 往返于北京湖南。

同年 居住于北京银闸胡同、孟家大院、景山东街、北河沿等公寓。

同年 创作小说《杨修》《律师》《械斗》，诗《死狱之中》《恐怖的夜》《温柔》等作品。

1927 年

创作小说《药》《秘密》《父亲》《珍珠耳坠子》《家长》，诗

《爱情与苦恼》《生之不幸》《寂静的夜》，戏剧《鬼与人心》《瓦匠之家》《狂人》《资本家》等作品。

1928 年

2 月　来到上海后赴杭州西湖葛岭山庄短暂居住。

5 月　居住于上海永裕里 13 号。

12 月　住在萨坡赛路 204 号，与丁玲、沈从文创办红黑出版社并创作小说《往何处去》《毁灭》，戏剧《绅士的请客》，诗《无消息的梦》等作品。

同年　担任《中央日报》副刊《红与黑》的编辑，搬到萨坡赛路 196 号。

1929 年

创作小说《到莫斯科去》《便宜货》《苦刑》等作品。

1930 年

2 月　赴山东省立高级中学教书，担任高中部文科主任。

5 月上旬　来到山东青岛。

5 月中上旬　回到上海环龙路弄堂里，加入左联。

5 月 29 日　参加左联第二次全体盟员大会。不久，胡也频被选为左联执行委员，担任工农兵运动委员会主席。

11 月　搬到法国公园（今复兴公园）附近的万宜坊，丁玲待产。

11 月 8 日中午　儿子（祖林）出生。

11 月 16 日　参加左联第四次全体大会，后被批准加入中国共产党。①

1931 年

1 月 17 日　在东方旅社参会被国民党当局拘捕。

2 月 7 日　在国民党淞沪警备司令部龙华看守所刑场就义。

---

① 入党介绍人不明。

参考文献

著作类

1. 胡也频：《诗稿》，上海现代书局 1928 年版。

2. 新文学选辑编辑委员会编：《胡也频选辑》，开明书店 1951 年版。

3. 《胡也频小说选集》，人民文学出版社 1954 年版。

4. 胡少璋编：《胡也频读本》，福建教育出版社 2018 年版。

5. 姚辛编著：《左联画史》，光明日报出版社 1999 年版。

6. 范桥等编：《沈从文散文》第 2 集，中国广播电视出版社 1994 年版。

7. 《记胡也频》，《沈从文全集》第 13 卷，北岳文艺出版社 2002 年版。

8. 《北京》，《丁玲全集》第 6 卷，河北人民出版社 2001 年版。

9. 《悼雪峰》，《丁玲全集》第 6 卷，河北人民出版社 2001 年版。

10. 《一个真实人的一生——记胡也频》，《丁玲全集》第 9

卷，河北人民出版社 2001 年版。

11.《1985 年 6 月 25 日致姚明强》,《丁玲全集》第 12 卷，河北人民出版社 2001 年版。

12. 张炯主编:《丁玲全集》第 12 卷，河北人民出版社 2001 年版。

13. 逄立左主编，中共福建省委党史研究室编:《福建英烈传略》上，福建教育出版社 2015 年版。

14. 王宏志:《思想激流下的中国命运——鲁迅与"左联"》，台湾风云时代出版公司 1991 年版。

15. 丁景唐、瞿光熙编:《左联五烈士研究资料编目》(增订本)，上海文艺出版社 1981 年版。

期刊类

1. 柯文溥:《胡也频年表》,《厦门文学》2004 年第 8 期。

2.《胡也频诗歌三首》,《诗刊》1980 年第 3 期。

3. 宋雨娟:《济南之行前后丁玲与胡也频的思想及创作》,《现代中国文化与文学》2022 年第 4 期。

4. 史挥戈、吴腾凰:《蒋光慈与丁玲、胡也频的一件往事》,《上海鲁迅研究》2018 年。

5. 黄昌勇:《"左联"五烈士综论》,《上海鲁迅研究》2001 年第 1 期。

6. 李铃、王敬业：《"左联"五烈士遇难的真相》，《华南师范大学学报》（社会科学版）2005 年第 6 期。

7. 姜涛：《"无须社"与 1920 年代北京的文学小社团》，《新文史资料》2011 年第 4 期。

8. 万正：《黑夜里撒下的种子——柔石、杨国华等同志就义前后》，《红旗飘飘》1957 年第 2 集。

9. 任葆华：《"青年必读书事件"中胡也频对鲁迅的声援》，《兰台世界》2012 年第 6 期。

10. 袁洪权：《开明版〈胡也频选集〉序言的"隐秘事实"——胡也频济南之行史实梳考》，《文艺理论与批评》2017 年第 2 期。

11. 峰毅：《丁玲胡也频在济南》，《文学杂志》（北平）1933 年第 3、4 期。

12. 程中原：《"左联"第四次全体大会史料考释》，《中国现代文学研究丛刊》1983 年第 2 期。

13. 金传胜：《胡也频史料二题》，《现代作家研究》2018 年卷。

14. 张向东：《胡也频书信辑考》，《鲁迅研究月刊》2018 年第 7 期。

后　记

　　本书为龙华英烈画传系列丛书之一，在资料收集过程中得到了中共上海市委党史研究室、上海人民出版社、龙华烈士纪念馆等多家单位的领导和专家的指导和支持。在前期准备过程中，我们走访了胡也频故居、浦东中学、上海交通大学人文学院、中国左翼作家联盟成立大会会址纪念馆、鲁迅纪念馆、龙华烈士纪念馆、上海图书馆等地，搜集了大量图文史料。在此向各单位领导、专家和老师表示感谢。

　　在深入阅读胡也频作品和相关史料的过程中，我们觉得胡也频是一个率真、可爱的人，被他的文学才情而打动，愈发为他的牺牲而感到惋惜。正如他的学生季羡林评价的那样，胡也频是一个"在中国近现代革命史上和文学史上宛如夏夜流星一闪即逝但又留下永恒光芒的人物"。

　　在正式撰写的过程中，我们结合烈士家属的口述史资料，收集的档案资料和照片，以及相关研究文章，尽量对各项资料进行对比研究，将英烈人物事迹置于历史的大背景下进行叙述，但由

于学识和经验上的不足，内容不免有疏漏和叙述不当之处，诚挚
希望广大读者予以谅解，祈加指正。

作者
2023 年 7 月

图书在版编目(CIP)数据

胡也频画传/中共上海市委党史研究室,龙华烈士
纪念馆编;尚娅著.—上海:上海人民出版社,2023
ISBN 978-7-208-18557-9

Ⅰ.①胡… Ⅱ.①中… ②龙… ③尚… Ⅲ.①胡也频
(1903-1931)-传记-画册 Ⅳ.①K825.6-64

中国国家版本馆 CIP 数据核字(2023)第 177488 号

责任编辑 李　莹　裴文祥
封面设计 周伟伟

胡也频画传
中共上海市委党史研究室
龙 华 烈 士 纪 念 馆 编
尚　娅 著

出　　版　上海人民出版社
　　　　　(201101　上海市闵行区号景路 159 弄 C 座)
发　　行　上海人民出版社发行中心
印　　刷　上海中华印刷有限公司
开　　本　720×1000　1/16
印　　张　11.5
字　　数　95,000
版　　次　2023 年 10 月第 1 版
印　　次　2023 年 10 月第 1 次印刷
ISBN 978-7-208-18557-9/K·3325
定　　价　75.00 元